データリテラシー入門
―日本の課題を読み解くスキル

友原章典

新書 991

まえがき

最近よく耳にする**データリテラシー**。ざっくりと言えば、データをきちんと解釈し活用出来る能力のことです。**AI**(人工知能)や**IoT**(Internet of Things の略。モノのインターネット)などデジタル技術の活用が進む現代社会に生きる私たちに必須な能力だとされています。

本書の狙いはデータリテラシーの基礎を学ぶことです。データリテラシーと言うと難しそうですが、情報活用能力を身に付けるための準備で、プログラムや統計学の話をするわけではありません。日常生活においてデータを活用する際に必要な基礎的なスキルを紹介します。

フェイクニュースが社会問題化し、誤った情報に踊らされないためには自ら考えて判断することが求められます。日々の生活や業務では大量の情報から必要なことだけを抽出し素早く処理しないといけません。いずれにも共通するスキルが資料・情報(データ)を分析するスキルです。

データと言うと数字を想起される方が多いかもしれませんが、その定義はもっと幅広く、物事を判断するための資料や情報をすべて含みます。本書でも数字に関連する図表だけでなく文章などの資料や情報を扱います。

主な読者対象はこれからの時代を担う生徒や学生の方ですが、現在の日本が直面する課題をとりあげた内容は、ビジネスパーソンを含む一般の方にとっても有益なものです。**地球環境**や**エネルギー問題**、**男女間賃金格差**、**少子高齢化**や**外国人受け入れ**、**子育て**や**女性の社会進出**などの社会のあり方、世界的に広がる**民主主義**への失望などの国家体制問題、**金融リテラシー**、**教育の未来**といったトピックスが網羅されています。

これらの政治・経済・社会等の諸問題を感情論ではなくデータというエビデンスに基づいて論理的に考えられるようになることが目的です。例えば、国家体制の是非がイデオロギーとしてではなくデータが示すメリットで議論されると言ったら驚かれるでしょう。

データの分析スキルを習熟するために多くの例題を収録しています。少し頭を使ってもらうためです。データを活用するスキルは実際に考える訓練を積むことで初めて自分のものになります。

そうは言ってもあまり堅苦しく考えずに興味のあるトピックスから拾い読みしていただい

て構いません。どこから始めても大丈夫なように、各章は独立して読めるように書かれています。楽しみながら読んでください。その上で、本書で学んだスキルがみなさんのよりよい未来を築くための参考になればうれしく思います。

目次

1章　地球温暖化

地球温暖化により生活環境が悪化すると危惧されています。２０２２年に国土の約３分の１が水没する大洪水に見舞われたパキスタンの報道は記憶に新しいところです。欧米の気候学者らによって組織された国際研究グループのワールド・ウェザー・アトリビューションによると、パキスタンで雨量が大幅に増加した要因としてやり玉に挙げられているのが地球温暖化です。

気象庁のウェブサイトによると、地球温暖化とは「地球規模で気温や海水温が上昇し氷河や氷床が縮小する現象」で、「気温の上昇だけでなく、異常高温（熱波）や大雨・干ばつの増加などの気候の変化」を伴います。さらに、「将来、地球の気温はさらに上昇すると予想され、水、生態系、食糧、沿岸域、健康などでより深刻な影響が生じる」と説明されています。

パキスタンでの大洪水は地球温暖化が原因であり、こうした災害が世界各地において今後とも続く可能性があるわけです。

その地球温暖化の主な原因とされるのが**温室効果ガス**です。二酸化炭素やメタンなどは主な温室効果ガスであり、これらのガスは、石油や石炭の消費や天然ガスの採掘といった人間活動によって増加します。

地球温暖化はエネルギーを消費する私たちの生活とは切っても切り離せない問題です。生活環境の悪化を防ぐために、温室効果ガスの排出を抑制し、地球温暖化のスピードを緩やかにする取り組みが行われています。

本章では地球温暖化やその原因とされる温室効果ガスの排出に関連した例題を見ていきましょう。

時間をかけて進行する地球温暖化のようなトピックでは、何年にもわたるデータの推移を分析することがあります。その際、基準となる年の数値を100に変換して比較したりします。**指数**と呼ばれるものです。消費者物価指数とか賃金指数などは有名な例です。新聞やテレビのニュースなどでもよく目にするのでご存じの方も多いでしょう。

では、そもそもの話ですが、なぜ指数を使うのでしょうか。実は、指数のメリットの1つは解釈のしやすさです。いくつかの数値を比較する場合、元の数値ではなく100のような数値に変換するとデータを比較しやすくなります。

例えば、100と86を比べれば、後者は前者の86%に相当すると瞬時に分かります。小学校の算数で習う百分率の考え方です。

しかし、14・08と12・11を比べる場合はどうでしょう。12・11が14・08の86%に相当することが分かるには少し頭を使わないといけません。

同様に、100と128を比べれば、後者は前者の128%になります。百分率では100%を超えることはありませんが、ここでは1・28倍という意味です。やはり両者の数値関係がすぐに分かります。

このように便利であるため、指数はデータ分析でよく使われますが、不慣れな方もいるようです。

そこで、日本における温室効果ガスの排出量の推移を理解する例題を通じて、指数の扱いに慣れることから始めましょう。

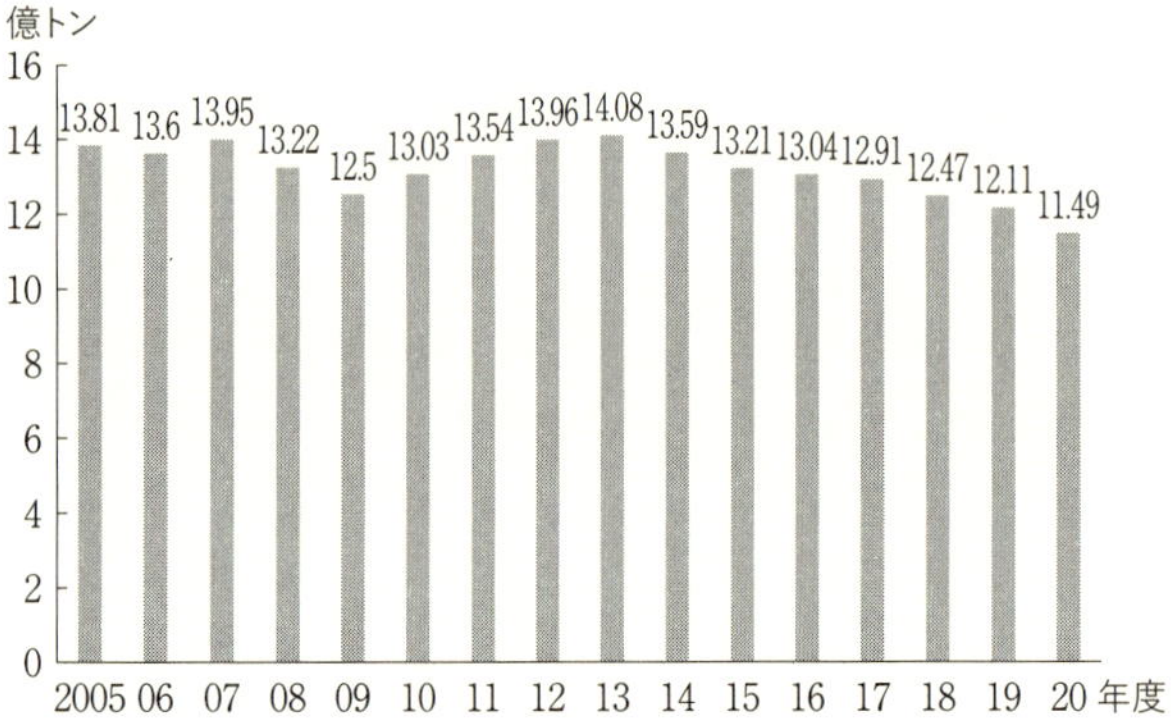

出典：環境省　地球環境局　総務課　脱炭素社会移行推進室
「2020 年度(令和 2 年度)の温室効果ガス排出量(速報値)について」
https://www.nies.go.jp/whatsnew/20211210/20211210.html のデータを使用して作成．一部改変

図 1-1　日本の温室効果ガス排出量の推移

◉温室効果ガス排出量の推移

図１-１は２００５年から２０２０年までの日本における温室効果ガス排出量を示したものです。縦軸の単位は億トン、横軸は年度です。

図１-１は**棒グラフ**と呼ばれるもので、棒の高さ(もしくは長さ)の違いから、排出量の推移を視覚的に理解出来ます。

この図から温室効果ガスの排出量の変化にどのような傾向があるかを読み取ってみましょう。

２００５年から２０１３年までは図の棒が高くなったり低くなったりしており、排出量に特定のパターンは見られません。ただ、２０１３年以降に注目すると話は変わ

り、温室効果ガスの排出量は一貫して低下しています。

ここから分かるのは、どのような期間を観察するかによって変化の傾向は変わることです。

そこで、２０１３年を基準として、図１-１にあるすべての排出量を変換してみます。２０１３年の温室効果ガスの排出量を１００として指数化したのが表１-１です。

表１-１を見ると、２００５年から２０２０年までの温室効果ガスの排出量は上がったり下がったりしながら、81・６から１００までの範囲にあります。

排出量が最も小さな値をとるのは２０２０年。この年の81・６は100×11.49÷14.08により計算出来ます（小数点第２位は四捨五入）。基準となる２０１３年の排出量14・０８を分母にして、２０２０年の排出量11・49がどの程度の比率であるかを計算したものです。

指数に変換した数値を使うと、元の数値で比較するよりもはるかに排出量の変化が分かりやすいです。

表 1-1　排出量の推移
（基準年：2013 年）

年　度	排出量	排出量（基準年：100）
2005	13.81	98.1
2006	13.6	96.6
2007	13.95	99.1
2008	13.22	93.9
2009	12.5	88.8
2010	13.03	92.5
2011	13.54	96.2
2012	13.96	99.1
2013	14.08	100.0
2014	13.59	96.5
2015	13.21	93.8
2016	13.04	92.6
2017	12.91	91.7
2018	12.47	88.6
2019	12.11	86.0
2020	11.49	81.6

例えば、2013年の14・08と2020年の11・49という数値を使うと、2013年に比べて2020年の排出量が減っているのは分かりますが、その程度までは分かりません。

そんな時、排出量を指数にして、2013年の100と2020年の81・6を比べれば、2020年の排出量は2013年の排出量の81・6％に相当すると瞬時に分かります。2013年と比べて2020年の排出量は18・4％減ったと言われれば、減少の程度がピンとくるでしょう。

◉印象のトリック

ここまでは印象のトリックを紹介するためのおぜん立てにすぎません。

本題はここからです。前述の例題において基準年を変えて考えてみましょう。例えば、2013年ではなく2009年を基準にすると2020年の排出量にはどのような変化が見られるでしょう。

基準となる2009年の排出量12・5を分母にして、2020年の排出量11・49の比率を計算すると91・9となります。2009年と比べると、2020年の排出量は8・1％低下しています。

面白いことに２０１３年を基準とした場合と２００９年を基準にした場合では、パーセントで測った２０２０年の排出量の減り具合が違います。２０１３年と比べた場合、２０２０年の排出量は18・4％低下していました。

２０１３年を基準にすると、排出量削減の取り組みの効果が表れているように感じられます。たった7年で20％近くも排出量が減ったからです。

しかし、２００９年を基準にすると、その進捗がそれほどでもない印象になります。11年もかけて8・1％しか減っていません。２０１３年を基準とした場合の半分もありません。

どうしてこのような違いが生じるのでしょうか。その理由は単純です。基準となる２０１３年の排出量が多いからです。もとが多い排出量に比べれば、２０２０年の排出量はかなり減ったように見えます。一方、２００９年の排出量は少ないので、それに比べたら２０２０年の排出量はあまり低下しません。

当然すぎて、だからどうしたと思われる方もいるでしょう。

ただ、こうしたトリックは日常でもよく使われており、みなさんも知らないうちにひっかかっているかもしれません。

２０２１年10月に閣議決定された地球温暖化対策計画を見てみましょう。環境省のウェブサイトによると、温室効果ガス排出量の削減目標として、日本は2030年度には2013年度比で46％減らすことを掲げています。2013年を基準にしているわけです。

もし2013年ではなく2009年を基準にすれば、2030年における排出量の削減程度はかなり後退します。裏を返せば、基準となる年度をうまく選ぶことで、排出量の削減に大きく貢献したという印象に出来ます。

2009年を基準にしても2013年を基準にしても計算自体は誤りでなく、基準の選定が任意であるにすぎません。このため、ウソをつかずに印象を操作出来ます。

こうした手口を活用する国は日本だけではありません。ジェトロのビジネス短信によると、イギリスは68％削減という高い目標を示しており、日本の46％を大きく上回ります。

イギリスの取り組みには頭が下がると思うかもしれませんが、必ずしもそうではありません。イギリスは温室効果ガスの排出量が多かった1990年を基準に2030年までの排出量削減パーセントを計算しています。国によって基準年が違うわけです。

これまでの話をまとめると、データの推移を考察する場合には元の数値ではなく指数を使うとデータの変化率を理解しやすくなります。ただこの方法は万能なわけではなく、任意に基準年を選べるため変化率の印象を操作出来るという問題もあるわけです。

◉排出量が多い産業部門

元の数値ではなく、指数を使う意義と問題点が分かったところで、図と表の両方を使う次の例題を考えてみましょう。折れ線グラフと表を組み合わせた資料から、二酸化炭素の排出量にどのような傾向があるかを読み取るものです。

図1-2には1990年から2019年までの日本の各部門における二酸化炭素排出量の推移を示した折れ線グラフと基準年である2013年の排出量を100とした指数の表が示されています。

官庁のウェブサイトでも、数値を比較する時には、元の数値だけではなく100のような数値に変換して議論されます。指数を使ったアプローチは一般的に行われているのです。

図1-2を見ると部門別の排出量についていくつかのことが分かります。

折れ線グラフより、日本で二酸化炭素の排出量が一番多いのは産業部門です。運輸や業務その他部門がそれに続きますが、産業部門とは大きな開きがあります。家庭部門の排出量は産業部門に比べてかなり低いです。

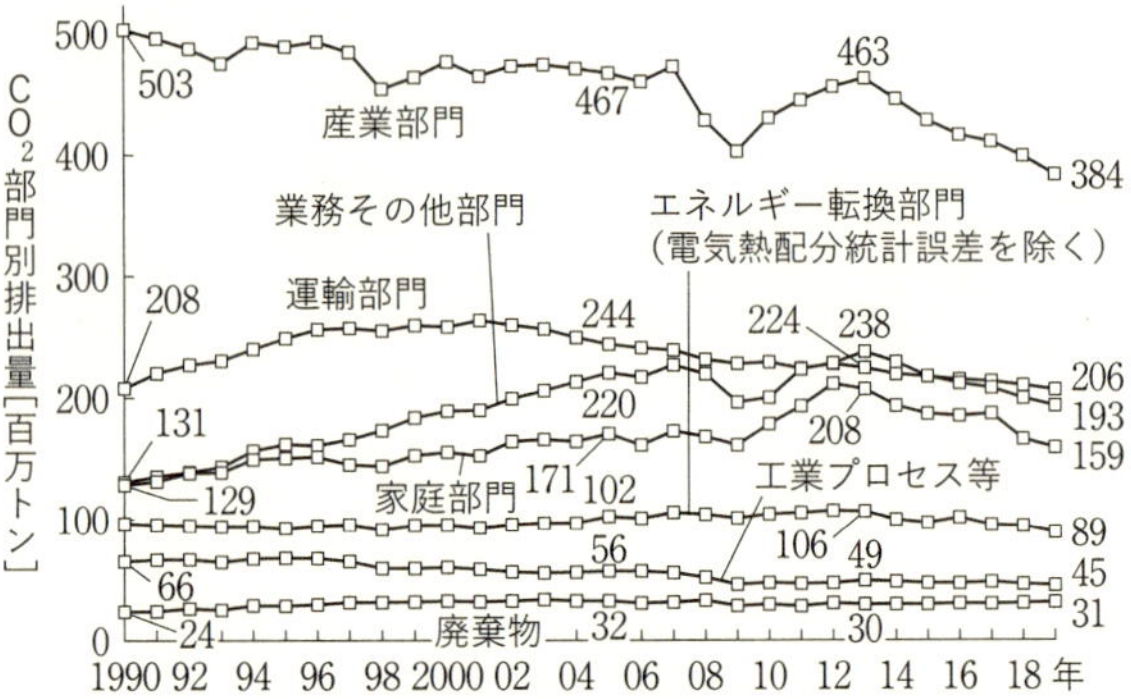

2013年度を100とした変化[増・減]

年　度	2010	2013	2019
運輸	102	100	92
業務その他	84	100	81
家庭	86	100	76
産業	93	100	83
工業プロセス	97	100	92
廃棄物	98	100	103

出典：国土交通省ウェブサイト．一部改変
https://www.mlit.go.jp/sogoseisaku/environment/sosei_environment_tk_000006.html

図 1-2　部門別の二酸化炭素排出量の推移

ここで、指数の表を見てみましょう。2019年度において、廃棄物は103、産業は83ですが、両者の数値を比べて廃棄物部門の排出量の方が多いとは言えません。排出量を示した折れ線グラフの数値より、廃棄物部門の排出量は一番低くなっています。

指数は、2019年の産業部門の排出量は2013年に比べて17％減ったというように、同じ部門内の変化を見るにはよいです。しかし、同じ年であっても、廃棄物の103と産業の83を比べて廃棄物部門の排出量が多いとは言えません。

その理由をお分かりでしょうか。本書内で繰り返し指摘しますが、比較では基準に注意しなくてはいけません。

廃棄物で103と言う場合、基準は2013年度の廃棄物部門の排出量3000万トン。一方、産業で83と言う場合、基準は2013年度の産業部門での排出量4億6300万トンです。異なる基準を使って計算された数値なので比べられません。

排出量の水準に興味があるなら折れ線グラフの数値、排出量の変化であれば表の指数という使い分けが必要になります。

折れ線グラフを見ると、2019年の産業部門の排出量は3億8400万トン、廃棄物部門の排出量は3100万トンと、産業部門の排出量の方が断然多いです。

また、排出量の変化を知るには指数が便利としましたが、これは変化の率のことです。変化の分量を比較したい場合にも指数は使えません。

例えば、家庭部門における排出量の変化は、2013年の100から2019年には76へと24%低下しています。同様に、産業部門における排出量の変化は、2013年の100から2019年には83へと17%低下しています。24%や17%はいずれも変化率です。

家庭部門の変化は24（=100−76)、産業部門の変化は17（=100−83)と計算して、二酸化炭素排出の減少量は産業部門より家庭部門の方が多いとは言えません。100を基準に変換した後の値を比べても実際の排出量の変化は分からないわけです。

折れ線グラフより、2013年の家庭部門における排出量は208で、2019年は159とあることから、その減少量は4900万トン(159−208=−49)。一方、2013年の産業部門における排出量は463で、2019年は384とあることから、その減少量は7900万トン(384−463=−79)です。産業部門の減少量の方が多くなります。

元の数値ではなく指数を使用することで、基準年と比べた排出量の変化率を理解しやすくなりますが、実際の減少量を知りたい時には元の数値を使う必要があります。

ここまでの議論を見ていると、図と表の互換性や補完性が分かります。データ分析では図や表の数字を使うことがありますが、折れ線グラフや表（指数）といった違うスタイルで同じ情報を示しているに過ぎません。図と表の間には互換性があります。

ただ、図と表の互換性をうまく扱えない人がいます。図でなんとなく分かっていても、表の数字になると急に対応出来なかったりします。

確かに、プレゼンテーションなどで視覚に訴えることは有効な手段ですが、目的によっては表の数字の方が便利ですし、図にはない情報を表の情報で補完出来ることもあります。図だけでなく表の数字にも慣れておくとよいでしょう。

ちなみに、図と表の情報を組み合わせて使うと折れ線グラフにはない排出量の水準も計算出来ます。例えば、2010年の産業部門における排出量の水準は、2013年の排出量463と2010年の指数93より、463×0.93＝430.59となります。

◉排出量の多い国

分析に使われるのは図や表だけではなく文章の情報もあります。そこで、図と文章を組み合わせた例題を通じて、図から読み取れる数値情報を文章から理解した内容に結び付けて、論理的に考えるスキルを試してみましょう。

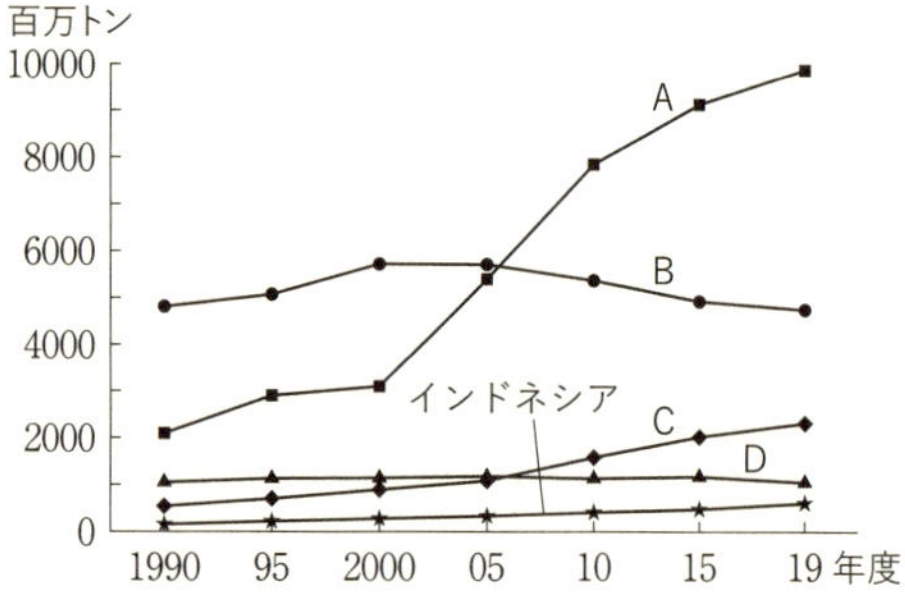

出典：IEA(International Energy Agency: 国際エネルギー機関)のデータ(Greenhouse Gas Emissions from Energy)より作成

図 1-3　各国の二酸化炭素の排出量の推移

図1-3は、1990年から2019年までの世界5か国(アメリカ、インド、インドネシア、中国、日本)における二酸化炭素の排出量の推移を示したものです。縦軸の単位は百万トン、横軸は年度です。

資料1-1は環境省の「図で見る環境・循環型社会・生物多様性白書」からの引用です。

資料1-1

「先進国の中には、スウェーデンのように、経済成長をしながら、二酸化炭素の排出量を減少させている国があります。我が国(日本)においては、二酸化炭素の総量は、2007年頃まで増加傾向にありましたが、おおむね、経済力を成長・維持しながらも二酸化炭素の排出量を抑制してきました。

……一部の国に見られるように、経済力を低下させずに地球温暖化による環境負荷も軽減し得ることを示唆しています。一方で、近年経済成長が著しい中国、インド等の国々については、経済成長に伴う二酸化炭素排出量の増加傾向が著しいことから、これらの国々は、成長の過程で地球温暖化対策に貢献し得る余地が多く残されていると考えられます。」

出典：環境省　平成24年版　図で見る環境・循環型社会・生物多様性白書　第1部第1章第3節社会経済活動と環境負荷

注：我が国を我が国(日本)のように文章を一部改変

図1-3と資料1-1より、図中のA〜Dに当てはまる国名を考えてみましょう。

この例題は、各国の二酸化炭素排出量の推移を知らなければ解けないわけではありません。事前の知識をほぼ想定せずに、与えられた情報から論理的に答えを導くことが期待されています。

では、必要な情報を的確にくみ取るには、どのように図と資料を活用するのでしょうか。答えまでの道筋について順を追いながら見ていきましょう。

まず、二酸化炭素の排出量の推移に注目すると、図1-3より、A〜Dの4か国は2グループに分けられることに気付きます。排出量が増加しているグループとあまり変化がなく、むしろわずかながらも減少しているグループです。

排出量が増加しているグループでは、AとCのように折れ線グラフが右上がりです。排出量にあまり変化がなく、減少すらしているグループでは、BとDのように折れ線グラフがほぼ横線で、その後半はわずかに右下がりです。

次に、資料1-1より、中国やインドでは「経済成長に伴う二酸化炭素排出量の増加傾向」とあります。これより、AとCはそれぞれ中国とインドのいずれかになります。

また、先進国の中には二酸化炭素の排出量を減少という記述があるので、BとDはそれぞれ日本とアメリカのいずれかだと見当がつきます。

ここで、「我が国(日本)においては、二酸化炭素の総量は、2007年頃まで増加傾向」とあるので、Dが日本になります。Dの折れ線グラフからは分かりづらいですが消去法によります。Bが2000年もしくは2005年あたりから減少しているからです。Bがアメリカです。

図1-3を描くために使用した元のデータが表1-2です。日本の排出量は2005年まで増加しているのを確認出来ます。

表 1-2　各国の二酸化炭素の排出量の推移

（単位：百万トン）

	中国	インド	インドネシア	日本	アメリカ
1990	2089	530	131	1052	4804
1995	2901	704	199	1129	5074
2000	3097	890	254	1147	5729
2005	5407	1075	317	1180	5704
2010	7831	1572	391	1132	5352
2015	9136	2034	459	1154	4928
2019	9876	2309	584	1058	4745

出典：IEA（International Energy Agency: 国際エネルギー機関）のデータ（Greenhouse Gas Emissions from Energy）より作成

最後に、AとCのいずれが中国もしくはインドであるかですが、実は図1-3と資料1-1だけからでは分かりません。

ただ、「経済成長に伴う二酸化炭素排出量の増加傾向」という記述やインドよりも中国の経済活動の規模が大きいことから、Aが中国と推測出来ます。2019年度の中国のGDP（国内総生産）はインドのそれよりも大きいです。

正解はA中国、Bアメリカ、Cインド、D日本になります。

この例題によって、データの分析に必要な論理的思考のいろいろな側面が鍛えられます。

①折れ線グラフからトレンドの似た国ごとにグループ分けすることに始まり、②図から読み取れるトレンドを文章にあるトレンドの記述と適

合します。そして、③二酸化炭素排出量の変化の差異に注目したり、④各国のＧＤＰ水準の知識を利用したりして、正解にたどり着きます。

このように複数資料から論理的に考えることは、データ分析では必須のスキルです。いまや知っているだけの知識はあまり意味がありません。ネットで検索すれば情報は簡単に手に入ります。むしろ、情報を使いこなせるかが重要です。

特に、情報量の多さに惑わされず、必要な情報だけを的確にくみ取れるスキルが求められます。日常の生活や業務を通じてその必要性を痛感しておられる方も多いでしょう。

情報を取捨選択しながら論理的に考察するスキルを養うには自分の頭で考えてみることが一番です。そのため、図や表、文章といった資料を組み合わせて使う例題を見てきました。

地球温暖化をめぐる現状を知っていただくだけでなく、論理的思考のスキルを鍛えるよい機会になったのではないでしょうか。

2章　相対的貧困

日本における深刻な社会問題の1つである**貧困**。その解消は待ったなしの課題などと言われます。

しかし、講義で貧困を取り上げた時の大学生の反応はいま一つです。「先生、今の日本に貧困なんてあるんですか？」

こうした反応の背景には、貧困＝着の身着のままで食べ物がなく、空腹に苦しんでいる状況を想像するからでしょう。映画やドラマで見る戦後の日本やドキュメンタリーで見る発展途上国のイメージです。

現在の日本で問題となっている貧困は「**相対的貧困**」と呼ばれるものです。聞きなれない用語ですが、ざっくり言えば日本国内の標準的な世帯に比べて貧しい状態のことです。

例えば、親がいくつもの仕事を掛け持ちしながら働きずくめで、子どももアルバイトをして家計を支えるだけでなく、家事をしながら兄弟姉妹の面倒を見ており、自分の時間が持てないといった具合です。

一方、住む家がなかったり、食べ物や着る物がなかったりというように、生活に必要最低限の条件が満たされていない状態は「**絶対的貧困**」と言います。

相対的貧困と絶対的貧困は別の概念です。相対的貧困という概念を知らなかった大学生が冒頭のような発言をしたのも無理はありません。

日本の相対的貧困に関する議論で特に注目されているのは**子どもの貧困**です。子どもと言っても乳幼児だけではなく、相対的貧困の状態にある18歳未満の子どもです。

こうした子どもたちをそのままにしておくことは社会のあり方に影響します。貧富に基づいた社会階層を固定化する可能性があるからです。

金銭的に余裕がないために十分な教育を受けられないと、将来的に貧困による負の連鎖から抜け出すことが難しくなります。

教育の機会に恵まれなかったために、収入の不安定な非正規雇用しか選択肢がなければ、病気になっても病院に行くことを我慢したり、犯罪行為に手を染めたりしてしまうかもしれません。低学歴が所得格差や健康格差、犯罪確率といった問題に関連することを示す研究はいくつもあります。

本章では、図や文章といった複数の資料を参照して、資料で使われている用語の概念を理解したうえで、社会問題を考えるスキルを試します。相対的貧困のように一般にはなじみのない用語を使って議論するための素養に焦点を当てるわけです。

◉相対的貧困率を改善するには

日本の貧困を考えるうえで重要な相対的貧困の理解を深めるために、次の資料を見ることから始めましょう。

資料2-1は厚生労働省の「子ども・子育て白書」にある相対的貧困率の説明です。

この白書に限りませんが、政府刊行物の類には**等価可処分所得**のように聞きなれない用語が使われて、必ずしも分かりやすいとは言えないことがあります。

白書の説明だけではぴんと来ない方もいるかもしれないので、もう少し平易な説明を資料2-2で補足しています。分かりやすいように数値例を使って相対的貧困率の計算の仕方を示したのが表2-1です。

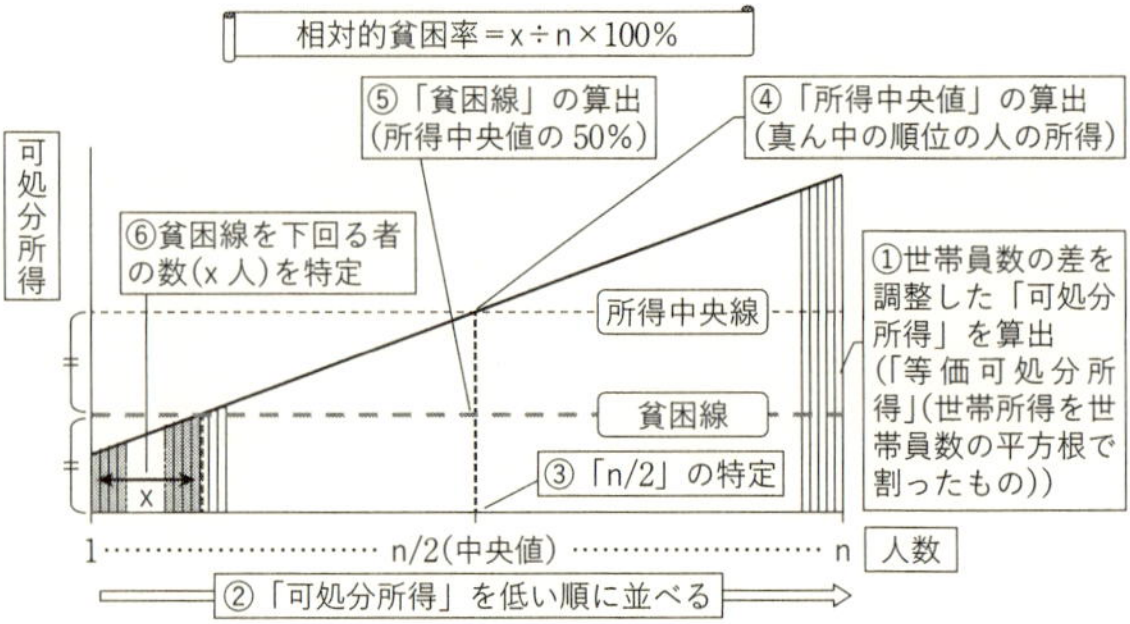

出典：平成 22 年版　子ども・子育て白書　第 1 部第 1 章第 1 節「子ども・子育てビジョン」の背景

図 2-1　相対的貧困率

資料2-1

「相対的貧困率」とは、等価可処分所得(世帯の可処分所得を世帯人員の平方根で割って調整した所得)の貧困線(中央値の半分)に満たない世帯員の割合である。可処分所得とは、所得から所得税、住民税、社会保険料及び固定資産税を差し引いたものをいう。

資料2-2

等価可処分所得とは、世帯当たりの年間収入から、税額や社会保険料を控除し、世帯の人数を調整したもので、各世帯における1人当たりの所得みたいなものです。

等価可処分所得は、可処分所得と等価の2つの概念で構成されています。収入が多くても、税額や社会保険料に支払う分は自由に使えるお金ではありません。これらを差し引いた所得を可処分所得と言います。

また、夫婦2人で年収500万円の世帯と夫婦2人子ども3人の5人家族で年収500万円の世帯では、世帯所得は同じでも生活水準が違います。世帯人数が少ない方が1人当たり使える金額が多くなります。

そこで、世帯人数の調整を行ったものが等価可処分所得です。

等価可処分所得は、次のように計算されます。

$$\text{等価可処分所得} = \text{世帯所得} / \sqrt{\text{世帯人員}}$$

ちなみに、5人家族の場合、5で割るわけではなく、$\sqrt{5}$で割ります。

通常、等価可処分所得が等価可処分所得の**中央値**の半分未満の世帯員の割合を相対的貧困率と言います。等価可処分所得の中央値の半分未満の世帯員を貧困としているわけです。

例えば、等価可処分所得が表2-1のような分布だとしましょう。等価可処分所得の中央値は250万円なので、250万円を2で割った等価可処分所得125万円以下の世帯員である2人が貧困とされます。

この時、相対的貧困率は、10・5％(＝2÷19)と計算されます。

出典：『幸福の経済学』(2013年)創成社
(文章などを一部改変)

貧困というからには、相対的であろうが絶対的であろうがほとんどの人にとって望ましくないはずです。

では、相対的貧困率を低下させるにはどうしたらよいのでしょうか。その対策の仕方を学ぶために、いくつかの例を見てみましょう。

表 2-1　等価可処分所得の分布(その 1)

等価可処分所得	世帯員	
100 万円	2 人	貧困
150	2	
200	1	
250	5	中央値
400	5	
600	3	
800	1	
合計	19	

出典：『幸福の経済学』(2013 年) 創成社(文章などを一部改変)

まず、表2-2のようにすべての世帯員の等価可処分所得が表2-1の状態から2倍になったとします。

この時、①表2-2の場合の相対的貧困率(%)を計算し、②表2-1の場合の相対的貧困率と比べて、表2-2の相対的貧困率がどうなるかを考えてみましょう。

等価可処分所得の中央値は500万円なので、500万円を2で割った等価可処分所得2

50万円以下の世帯員である2人が貧困となります。その結果、相対的貧困率は10・5%(=2÷19)となり、表2-1の場合と同じです。

つまり、全体的に所得が増えても、相対的貧困率は変わりません。

次に、表2-3のように表2-1の中央値より所得の高い人だけが所得を増やしたとしましょう。

この時、①表2-3の場合の相対的貧困率(%)を計算し、②表2-1の場合の相対的貧困率と比べて、表2-3の相対的貧困率がどうなっているか、③表2-1から表2-3に変わる

表2-2 等価可処分所得の分布(その2)

等価可処分所得	世帯員
200万円	2人
300	2
400	1
500	5
800	5
1200	3
1600	1
合計	19

表2-3 等価可処分所得の分布(その3)

等価可処分所得	世帯員
100万円	2人
150	2
200	1
250	5
800	5
1200	3
1600	1
合計	19

ことで所得格差にどのような変化があったかについて考えてみましょう。

等価可処分所得の中央値は250万円なので、250万円を2で割った等価可処分所得125万円以下の世帯員である2人が貧困となります。その結果、相対的貧困率は①10・5%（≒2÷19）と同じになり、②相対的貧困率は変わりませんが、③所得格差は拡大します。

この2つの例題から、相対的貧困率が同じでもそれぞれの状況がかなり違うことが分かります。

最初の例では、表2-1と比べて表2-2の所得の方が高く、諸条件が同じであれば経済的に豊かなのは表2-2の状態です。

一方、次の例（表2-3）はいわゆる勝ち組と負け組が生じるような状況です。余裕資金を持つ人たちがマネーゲームで所得を増やすのに対して、マネーゲームに参入する余裕のない人たちの所得は変わらないといった場合に相当します。

経済的に困窮する人たちの所得が変わらなくても、経済的に余裕のある人たちの所得が増えることで、所得格差が拡大してしまいます。

これらの例から、相対的貧困率の数値だけに注目していてはダメだと分かります。所得の絶対水準やどのように所得が分布しているかなどを一緒に吟味してこそ、意味のある解釈が出来るわけです。

では、これまでの例を踏まえ、相対的貧困率を改善するにはどうしたらよいでしょうか。所得や人数という用語をヒントに、表の数値をシミュレーション(試行錯誤)しながら考えてみてください。

例2-1や例2-2で示された表には相対的貧困率が下がる場合の数値例が示されています。

例 2-1 人数が減る：相対的貧困率は，5%(＝1÷19)

等価可処分所得	世帯員	
100万円	1人	貧困
150	2	
200	1	
250	6	中央値
400	5	
600	3	
800	1	
合計	19	

例 2-2 所得が増える(2.3倍)：相対的貧困率は，0%(＝0÷19)

等価可処分所得	世帯員	
230万円	2人	200万以下は0人
250	5	
345	2	
400	5	中央値
460	1	
600	3	
800	1	
合計	19	

これらの例にあるように、貧困線を下回る人の人数が減ったり、その所得が増えたりすると、相対的貧困率は低くなります。

つまり、相対的貧困率を改善するには、**貧困層の人数を減らす**こと、その**所得を底上げする**こと、もしくはその両方が必要です。表2-2のように、社会全体が均一に豊かになることでは解決しません。

◉貧困率の高い国の方が貧しいのか?

次もよくある誤解です。国家間の相対的貧困率の比較に関するものです。

表2-4と表2-5には、それぞれA国とB国における等価可処分所得の分布が示されています。

この2つの表を参照して、①B国の相対的貧困率(%)を計算し、②国家間の貧困を議論する時に、相対的貧困率が高い国の方が経済的に困窮していると言えるかどうかについて考えてみましょう。

なお、表2-1と同じ数値を使っているA国の相対的貧困率は10・5%です。

この例の趣旨は、国家間の相対的貧困率を比較する時の注意喚起です。表2-4と表2-5の数値を見ると、A国の所得水準とB国の所得水準との間に大きな開きがあります。もしA国が発展途上国で、B国が先進国であれば、通常、A国よりB国における経済的な生活水準の方が高くなります。

にもかかわらず、B国の相対的貧困率を計算すると19%(=4÷21)となり、A国の10・5%の2倍弱。この19%と10・5%を比べて、B国の方がA国より貧しいと考える人はいないでしょう。経済的に困窮しているかどうかは、相対的貧困率だけでは分からないことになります。

表 2-4 A国：等価可処分所得の分布

等価可処分所得	世帯員
100 万円	2 人
150	2
200	1
250	5
400	5
600	3
800	1
合計	19

表 2-5 B国：等価可処分所得の分布

等価可処分所得	世帯員
10000 万円	4 人
15000	2
20000	1
25000	5
40000	5
60000	3
80000	1
合計	21

このように、国家間で経済的困窮の度合いを比較するには、相対的貧困率以外の要素を考慮する必要があります。相対的貧困率の高さは一国内での比較に過ぎず、生活に窮するといった経済的困窮を意味するとは限らないからです。

例えば、「いつの間にか貧しい国に転落したC国。その相対的貧困率の高さは経済協力開発機構(OECD)加盟国中下から数えて○番目」と言ったメディア記事を見たとしても、その解釈には注意を要します。C国の等価可処分所得は他のOECD加盟国のそれよりも高いかもしれません。

優秀な読者のために、もう少し議論を発展させましょう。

ここまでは所得水準の違いに着目して、A国を発展途上国、B国を先進国と想定して議論しました。

本当の生活水準を知りたいのであれば物価水準を考慮した購買力に注目してもよいです。物価が安い国と高い国といった具合です。

もしA国では1万円で入手出来る製品が、B国では200万円かかるのであれば、いくらB国の所得水準が高くても、その経済的暮らし向きはA国よりも良いとは言えなくなります。表面上の所得額だけでなく、実際の支出力に焦点を当てるわけです。

いずれにしても、相対的貧困率だけ見ていては、経済的困窮の度合いまでは分かりません。

最後はおまけの小話です。資料2-2より、等価可処分所得を計算するのに、世帯人数ではなく、世帯人数の平方根で割っていますが、なぜだかお分かりですか。

ヒントとして、2つのグループの違いを考えてみましょう。グループA：炊飯器、浴槽、ガスレンジ、洗濯機、クーラー、グループB：歯ブラシ、お箸や茶わん、下着、靴。

答えは、グループAは世帯で共有するもので、Bは個人で所有するものです。

ここで数式の意味を考えます。世帯人数が5人の場合、5(＝5の1乗)で割るということは、5人が独立して生活を営んでいる、つまり、1人1人が自分の炊飯器や浴槽を持っているような状態です。

一方、1(＝5の0乗)で割るということは、すべてが共有されており、5人で1本の歯ブラシを使っているような状態です。

複数人で生活する場合、すべてを自分で占有しているわけでなく、浴槽のように共有しているものがあるので、0と1の中間である2分の1乗とされています。

厚生労働省の「国民生活基礎調査(貧困率)よくあるご質問」によると、「年収800万円の4人世帯と、年収200万円の1人世帯では、どちらも1人当たりの年収は200万円と

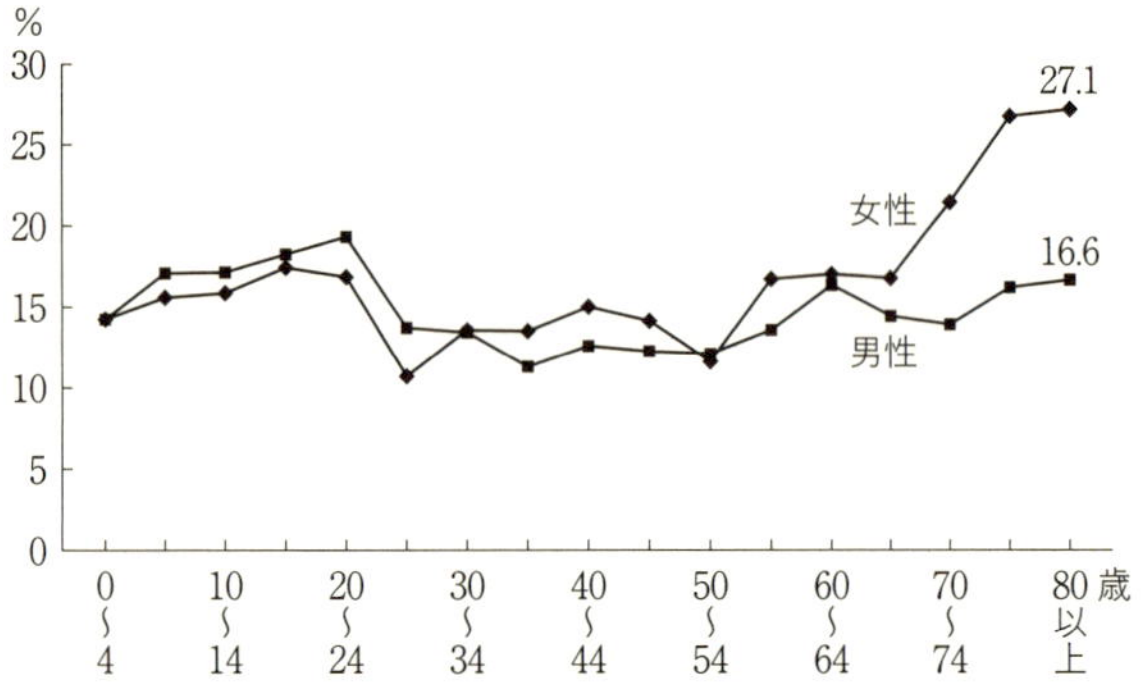

出典：平成 24 年版男女共同参画白書　第 1 部 第 5 章 第 3 図　男女別・年齢階層別相対的貧困率(平成 22 年)．一部改変

図 2-2　男女別・年齢階層別の相対的貧困率

なりますが、両者の生活水準が同じ程度とは言えません。光熱水費等の世帯人員共通の生活コストは、世帯人員が多くなるにつれて割安になる傾向があるため」と説明されています。

◉男女別・年齢階層別の相対的貧困率

相対的貧困率の理解が深まったところで、日本の相対的貧困率のデータを見てみましょう。図2-2は日本における男女別・年齢階層別の相対的貧困率を示したものです。

この図より、日本における男女の相対的貧困率についてどのような特徴が見られるでしょうか。男女間の相対的貧困率の差異に注目して答えてください。

図2-2では、55歳以降、女性の相対的貧困

率は男性のそれより高いです。特に、70歳以降は、男女の相対的貧困率の開きが顕著になっています。54歳までは、男性の相対的貧困率の方が高かったり、女性のそれの方が高かったりしています。

日本における男女の相対的貧困率の特徴は、**高齢になると女性の相対的貧困率は男性のそれを大きく上回る**といったところでしょうか。

ちなみに、高齢の定義は法律によってさまざまで明確な決まりがありません。「高齢者の医療の確保に関する法律」では65歳以上74歳以下は前期高齢者、75歳以上は後期高齢者となります。「高齢者の居住の安定確保に関する法律」では60歳以上が高齢者です。

いずれの定義でも、女性は高齢になると貧困線を下回る人の割合が増えています。その理由として、男性より女性の方が長生きであり、加齢とともに配偶者と死別して一人暮らしになると経済状況が悪化する女性が多いことなどが白書による説明です。

図2-2だけを見ていると、高齢女性の貧困に対してすぐに対処しなくてはという印象を受けます。高齢女性の相対的貧困率は、性別を問わずほかの年齢階層のそれよりもかなり高いです。

前節の議論に基づけば、高齢女性の相対的貧困率を下げるには、貧困層の属する高齢女性の人数を減らすこと、その所得を底上げすること、もしくはその両方が必要になります。もし配偶者と死別して経済状況が悪化する高齢女性が多く、相対的に貧困であるだけでなく通常生活にも窮するのであれば、年金の設計を考え直すことは一案でしょう。

ただ、前節から学んだ知見は他にもあります。高齢女性の相対的貧困率が高いからといって、ほかの年齢階層に比べて生活に困っているとは限りません。相対的貧困率は低くても、若くして子どもを産んだ20～24歳の年齢階層の方が生活は苦しいかもしれません。

こうして見ると、限られた財源を使ってどのような人たちに政策的対処をするかの判断には、相対的貧困率の情報だけでは不十分です。

にもかかわらずメディアの報道には、相対的貧困率のように1つの数字だけを取り上げて騒ぐものがあります。しかし、1つの指標だけに注目するのではなく、いくつかの指標を総合的に勘案して議論する姿勢が必要です。その重要性を分かっていただけたでしょうか。

◉1つの指標だけで判断してはダメ

本章では、相対的貧困という社会的に注目を浴びるテーマに関する資料を通じて、その内容を理解したうえで、議論を発展させられるかどうかを見てきました。特に、文章を読んで概念を理解するスキルや1つの指標だけに注目することによる誤った印象に焦点を当てました。

例えば、社会全体で所得が増えても相対的貧困率は改善しません。あくまで相対的な指標だからです。また、相対的貧困率だけに注目すると、その率が高い国の方が経済的に貧しい印象を持ちますが、必ずしもそうとは限りません。所得の水準や分布などを一緒に考察しないと誤った理解になることがあります。

本章を通じて、概念の理解や複数の指標を総合的に勘案する重要性を納得したものの、わざわざいろいろな資料を読んで議論を発展させるスキルを磨かなくてもよいのではと思う方もいるでしょう。

ネットで「○○とは」「分かりやすく」といった検索をすれば、いろいろなサイトが出てきて、手っ取り早く分かったような気になります。また、ご丁寧に「△△すればすべて解決」のような提案まであったりして、至れり尽くせりです。

ただ、そうした情報の中には正確性を欠くものがあります。誤った理解から導かれる提案は、問題の解決にならないどころか悪化につながることすらあります。

一方で、正確性を期す情報源の内容は分かりにくいことがままあります。政府系のウェブサイトなどが典型です。いくら正しくても理解出来なければ議論が始まりません。

そんな時には、信憑性の高い情報源を基に、知らない用語をほかのウェブサイトなどの説明で補完する必要が出てきます。そして、本章の例題のような流れを自分の頭で組み立てて解いていくと自然に論理的な議論になります。

自分が住む社会をよりよくするためには、社会的なテーマに興味を持って情報を収集し、その情報を活用して議論出来るようになることが望ましいです。

よく頭がいいとか悪いとか言われますが、テレビ番組のクイズ王のように何でも知っていることが頭の良さではないでしょう。

いろいろな情報から問題点を整理して、論点を絞って論理的に考えられることが、社会を生きていく上での頭の良さではないかと思います。知識を活かすスキルと言ってもよいです。

こうしたスキルを身に付けることが私たちに求められる本当の学習なのではないでしょうか。知っているだけの知識では意味がありません。知識は活用されてこそ意味があります。

いろいろな例題を通じて、本書はそうしたスキルを育む手伝いをしているのです。

3章　女性の社会進出

日本は女性の社会進出が遅れていると言われます。その際よく引用されるのが、世界経済フォーラムが公表する**ジェンダー・ギャップ指数**です。経済、教育、健康、政治の4分野のデータを基に男女格差を測る指標で、0から1までの値をとり、1に近いほど平等とされます。

グローバル・ジェンダー・ギャップ報告書(2022年)によると、日本の指数は0・65。その値は世界的に見ても低く、日本の順位は世界146か国中**116位**となっています。

日本はこれまでにも男女間格差に関する法整備を行い、1999年には改正男女雇用機会均等法や男女共同参画社会基本法を施行しました。経済分野での取り組みには、女性の活躍促進が優良な企業を認定する制度である「えるぼし認定」や子育てサポートへの取り組みが充実している企業を認定する制度である「くるみん認定」があります。両方とも厚生労働省の所管で、前者は女性活躍推進法に基づいた制度、後者は次世代育成支援対策推進法に基づいた制度です。

こうした努力にもかかわらず、男女間格差に関してはまだまだ改善の余地はありそうです。特に、ジェンダー・ギャップ指数で低い順位の原因となった経済・政治分野について、政府はより一層その是正に取り組むとしています(「女性版骨太の方針2022」正式名称は「女性活躍・男女共同参画の重点方針」)。

本節では、男女間格差に関する問題のうち、女性の社会進出を取り扱います。

そのためには、まず、日本における女性の働き方の特徴を理解しましょう。時間的推移を含む時系列データにより、働き方の大まかな傾向を把握したり、カテゴリー別のデータにより、年齢や国といったカテゴリー毎の違いを明らかにしたりします。

その上で女性の社会進出と出生率に関連するデータを見ていきます。女性の社会進出を促進する手掛かりが見つかるかもしれません。

◉M字カーブ

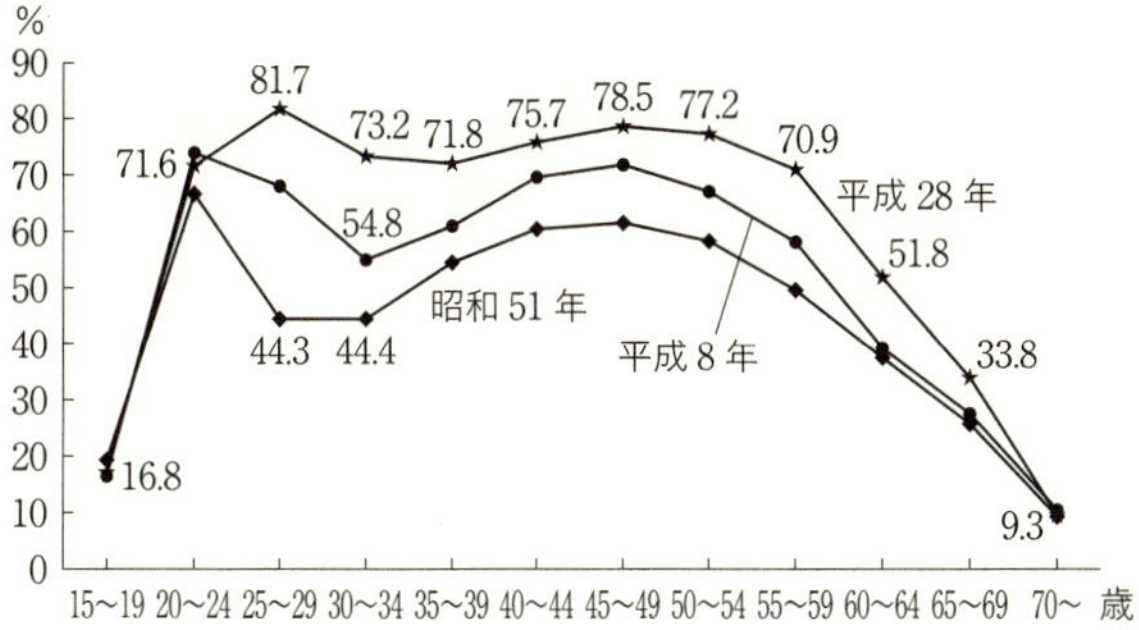

出典：男女共同参画白書 平成 29 年版 I-2-3 図　女性の年齢階級別労働力率の推移

図 3-1　女性の年齢階級別労働力率の推移

日本の女性の働き方にはどのような特徴があるのでしょうか。一口に働き方といっても、時代によって変わりますし、年齢によっても違うでしょう。

そこで、ある程度時代をさかのぼって1970年代から2010年代までの女性の働き方のデータを年齢別に見ることから始めます。

図3-1は女性の年齢階級別労働力率の推移を描いたものです。労働力率とは、15歳以上人口に占める労働力人口の割合のこと。おおまかに言うと義務教育が終わって働ける年齢に達した人たちのうち、働く意思がある人たちの割合です。その割合が年齢別に描かれています。

ちなみに、労働力人口とは就業者と完全失業者の数を合計したもので、就業者とは仕事がある者、完全失業者とは働きたくても仕事がない者です。

昭和51(1976)年における女性の年齢階級別労働力率を見てみましょう(昭和という年号にピンとこない方に配慮して、西暦も表示しました)。

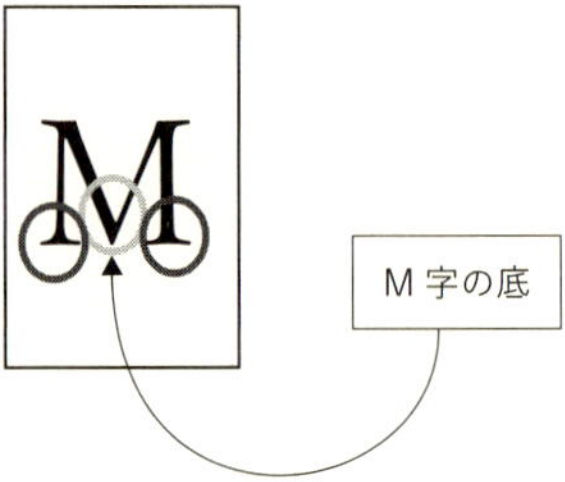

図3-2 M字カーブ

この折れ線グラフの形状から、女性の働き方についてどのような特徴を読み取れるでしょうか。

よく見ると、労働力率が低くなる年齢階級が、15~19歳、25~29歳及び30~34歳、70歳~、と3つあります。その結果、労働力率の折れ線がアルファベットのMのように見えるため、**M字カーブ**と呼ばれることがあります(図3-2参照)。

このM字カーブは女性の働き方についての特徴を表しています。低調な女性の社会進出がトピックなので、労働力率が低くなっている年代に注目してみましょう。

それぞれがライフステージにおいてどのような年代かを考察すると働き方の特徴が明らかになります。

まず、15~19歳ではすべての女性が働いているわけではなく、学校に通う者も多くいます。次に、25~29歳や30~34歳では出産や子育てをする女性が多いと推測出来ます。最後に、70

歳以降の高齢になると引退して働かない女性が増えます。

これらをまとめると、M字カーブが示唆するところは以下の通りです。

学校(高校、大学、専門学校、短大など)で学ぶ者がいる年代では労働力率は低いですが、その卒業もしくは中退に伴い働き始める者が増えて労働力率が上昇します。しばらくして出産や育児を行う年代になると仕事を辞める者が出るために労働力率が低下しますが、育児が落ち着いて仕事に復帰する年代になると再び労働力率が上昇する傾向があります。その後、高齢になると仕事からリタイアするため再び労働力率が低下します。

ここで、進学や高齢による引退は女性に特有なことではなく、男性にも当てはまります。男性でも、義務教育の終了後に働かずに進学する人がいるし、高齢になれば働かない人が多くいます。女性に特有なのは25~34歳位までの現象になります。

このため、25~34歳位までの年齢層に関連する出産や育児に焦点が当てられて低調な女性の社会進出が議論されることが多いです。

では、こうした傾向は時代に左右されない普遍的なものなのでしょうか。昭和51年は今から50年近くも過去の状況です。50年もあればいろいろなことが変わります。女性の働き方に変化があってもおかしくないです。

そこで、昭和51年から平成28（2016）年にかけて、女性の年齢階級別労働力率に何らかの変化があるかを見てみます。

女性の働き方の特徴として図3-1から読み取れるポイントは2つです。第1に、時間の経過とともに、M字カーブが明白でなくなってきていること。第2に、時間の経過とともに、M字の底となる年齢が高くなっていることです。

それぞれの変化についてもう少し詳しく説明しましょう。

図3-1には3つの折れ線が描かれていますが、平成28年の折れ線だけを示された場合には、M字カーブの傾向を指摘するのは難しいでしょう。Mという字の真ん中のへこみが弱く、M字の傾向が以前ほど明白には見受けられなくなっています。

特に、M字の底（図3-2を参照。労働力率が低くなるところを左から見た時の2番目）に対応する労働力率が、昭和51年には44・3％（25〜29歳）と44・4％（30〜34歳）と40％半ばであったのが、平成8（1996）年では54・8％（30〜34歳）、平成28年では71・8％（35〜39歳）と大きく増加しています。

M字の傾向が弱まった背景には、出産や子育てによって女性が離職することなく働き続けられる環境に変化した可能性や経済上などの理由から社会的に共働きが一般的に変わってきた可能性があります。

また、M字の底に対応する年齢階級が、時間の経過とともに、昭和51年では25～34歳、平成8年では30～34歳、平成28年では35～39歳と高くなってきています。晩婚化や出産の高齢化が影響しているのではないかと推測されます。

このように、折れ線グラフ(図)を読み解くことで、女性の働き方の特徴として指摘されていたM字カーブとはどのようなものかだけでなく、時間の経過に伴う傾向の変化について把握出来ます。

図だけではなく、数字のデータからも何か言えないでしょうか。例えば、労働力人口についてはどうでしょう。

平成28年における25～29歳の労働力率は81・7%、昭和51年における25～29歳の労働力率は44・3%です。この時、平成28年度における25～29歳の女性の労働力人口は昭和51年における25～29歳の女性の労働力人口よりも必ず多いと言ってよいでしょうか。

ここでは実際の数値を知っているかどうかではなく、81・7%と44・3%という情報のみに基づいて考えてください。

これはパーセントと人数の区別を理解するための例題です。

言うまでもないかもしれませんが、それぞれの年度の労働力率が81・7%や44・3%という情報だけでは人数までは分かりません。人口によって昭和51年における25～29歳の女性の労働力人口の方が多かったり少なかったりします。

例えば、昭和51年における人口が1000人、平成28年における人口が500人であれば、昭和51年における25～29歳の女性の労働力人口は443人、平成28年における25～29歳の女性の労働力人口は409人となります。前者の人数の方が後者の人数よりも多いです。

つまり、女性の労働力率が増加しても、女性の人口によっては、その労働力人口が増えるとは限りません。労働力人口について知りたければ、別の資料を参照しないといけません。

◉世界の女性の働き方

年齢階級別労働力率のデータを見ることで日本における女性の働き方の特徴について把握したので、他国の女性の年齢階級別労働力率と比較して、働き方に違いがあるかを見てみましょう。

2016年の世界6か国における女性の年齢階級別労働力率を描いたものが図3-3です。

男女共同参画白書では、女性の年齢階級別労働力率の折れ線グラフの形状を比較して、図

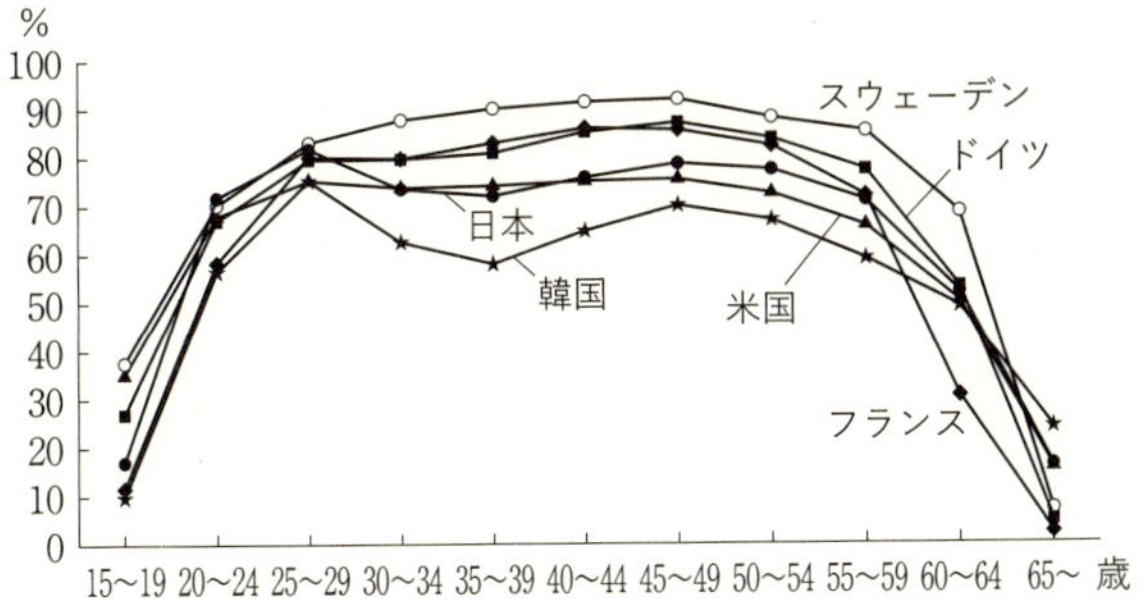

出典：男女共同参画白書 平成29年版 I-2-4図

図3-3 6か国における女性の年齢階級別労働力率

3-3の6か国を2つのグループに分けています。ライフステージに応じて変わる女性の働き方として、いわゆるM字カーブの傾向を示す国とそうでない国という観点から分類しているのです。

では、どういったグループに分けられているのでしょうか。

白書では、日本と韓国がM字カーブの傾向とする一方で、それ以外のフランス、ドイツ、スウェーデン並びに米国といった欧米諸国にはそうした傾向は見られないとしています。

韓国の折れ線グラフがM字であることには納得いきますが、日本の場合は少し分かりづらいです。ただ、両国とも25~29歳において折れ線グラフがピーク(頂点)となり、35~39歳にかけて低下し、その後上昇に転じていることから、同じM字グループと判断しているようです。

それ以外の国の折れ線グラフでは、頂点からの低下が見られず、台形に似た形になっています。米国の取り扱いに少し迷うかもしれませんが、25〜29歳以降に急激に低下して、その後反転上昇するという形状ではないことから非M字グループとなっています。

また、図3-3からは、M字カーブ以外にも、他の欧米諸国と比べて、日本と韓国では、15〜19歳の労働力率が低く、65〜歳のそれが高いという傾向も見て取れます。

今回はあえて50年さかのぼったデータ(図3-1)を使用して、M字カーブが顕著であった時期から最近までの間に、日本の女性の働き方の特徴がどのように変わってきたかを見ました。

ただ最近といっても、図3-1と3-3は平成28(2016)年で8年ほど前のデータになります。最新のデータが気になる方もいるでしょう。

実は、最新のデータを使って日本における女性の年齢階級別労働力率を折れ線グラフに描いても、その形状から把握される特徴は変わりません。

白書の令和5年版では女性の年齢階級別労働力率が掲載されていないので、令和4年版にある令和3(2021)年のデータを参照すると、M字の底に相当する年齢階級は35〜39歳。

明確にM字とは分かりづらいですが、25〜29歳をピークとして35〜39歳までは減少し、その後緩やかに増加しており、台形とまでは言えない状態です。

大きな変化を把握するには長い時間をさかのぼったデータを観察する必要があります。5年くらい前では、働き方の特徴にあまり違いはないようです。

◉女性の社会進出が進むと出生率が上がる?

M字カーブからの知見は、出産や育児を行う年代になると仕事を辞める者が出るために労働力率が低下することでした。

そこで、女性の就業を妨げる一因とされる出産と関連するデータを見てみましょう。

図3-4は世界24か国の女性の労働力率と**合計特殊出生率**のデータを描いたものです。合計特殊出生率とは「1人の女性が生涯に産むことが見込まれる子供の数を示す指標」(ブリタニカ国際大百科事典)です。

図3-4の横軸は女性の労働力率、縦軸は合計特殊出生率となっており、世界的には、女性の労働力率が高くなるほど、合計特殊出生率が高くなっているのが分かります。

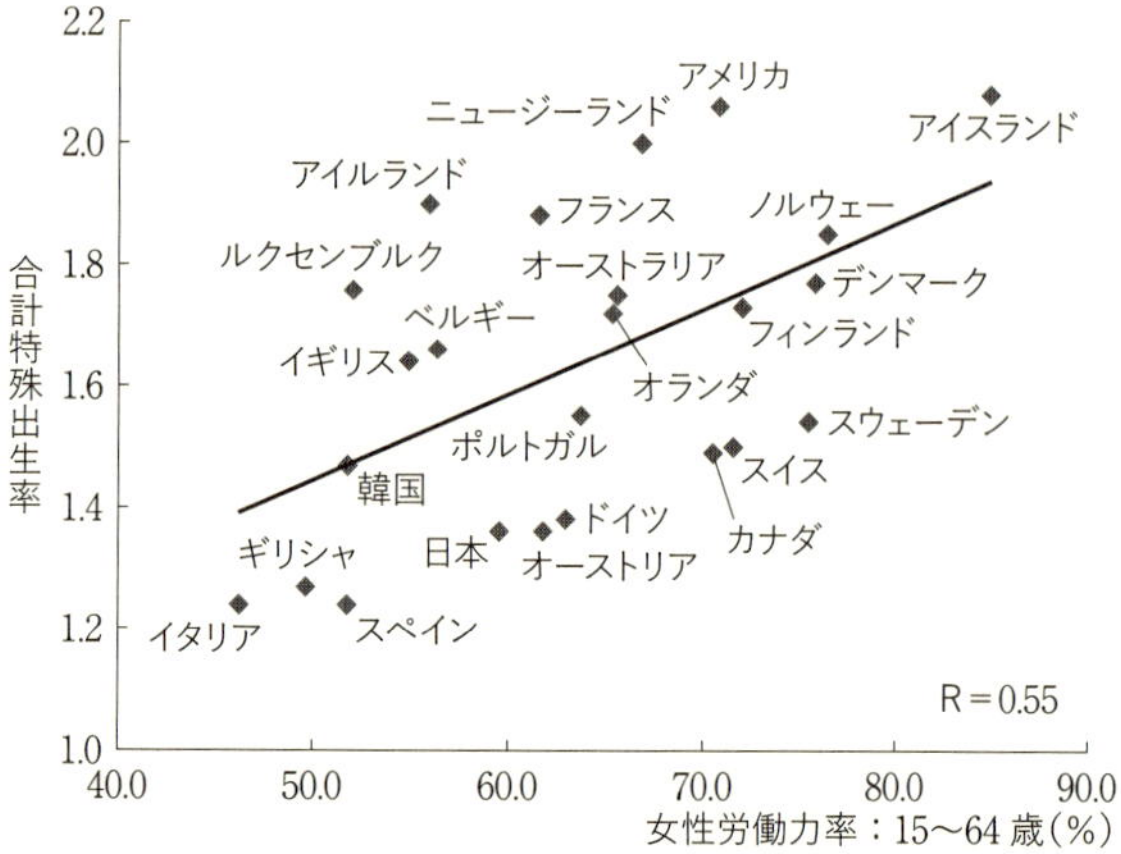

出典：内閣府男女共同参画局　少子化と男女共同参画に関する専門調査会　少子化と男女共同参画に関する社会環境の国際比較報告書　1. 女性の労働力率と合計特殊出生率

図 3-4　女性の労働力率と合計特殊出生率

ここで質問です。日本では、女性の社会進出の遅れだけでなく、少子化も懸念されています。そこで、両方の問題を同時に解決する良い方法はないでしょうか。

例えば、図3-4から、「女性の社会進出が進んでいる国ほど、合計特殊出生率も高い傾向にある」。このため、女性の社会進出が進むように男女雇用の機会均等を推進すれば出生率が上がるという提案があったとしましょう。女性の社会進出が進めば、少子化も解決されるという趣旨です。

面白い提案ですが、図3-4の解釈としてこうした見解を導いてよいのでしょうか。

これは**相関関係**と**因果関係**の違いを理解しているかを試す例題です。結論から言うと、女性労働力率と出生率が正の相関にあっても、必ずしも因果関係を意味しません。図3-4の情報だけでは、女性の労働力率が上がれば出生率も上がるという見解は支持出来ません。

では、なぜ相関関係は因果関係を意味しないのでしょうか。相関関係と因果関係が違うと覚えるだけではなく、その理由を説明してみましょう。目をつけるのは女性の労働力率と出生率の両方に影響を与える要因です。

例えば、保育施設の整備・充実によって、子どもを産みやすくなったり、女性が働きやすくなったりしたとしましょう。

すると、保育施設の整備・充実が、女性の労働力率と出生率の両方に影響を与えたことになります。

この時、保育施設の整備・充実は労働力率の上昇だけでなく出生率の上昇の原因であり、労働力率や出生率の上昇は保育施設の充実による結果です。労働力率の上昇は出生率の上昇の原因とはなりません。

にもかかわらず、労働力率の上昇は出生率の上昇と同時に起こるため、相関関係が生じます。このため、相関関係が見られても、労働力率と出生率のうち、どちらかが原因とは限らないわけです。

2次元の図のように、労働力率と出生率といった2変数に焦点を当てるだけでは原因までは分かりません。2変数間で関係が見られても、保育施設の整備・充実のように考慮されていない第3の変数が重要な役割を果たしていることもあります。労働力率と出生率以外の外部要因(周辺環境)の変化を考慮すべき時もあるのです。

そこで、念のため図3-4の相関関係からは因果関係を導けないことを別の観点からも検討してみましょう。労働力率が増えると出生率も増えるのは見せかけの相関ではないかという議論です。

図3-5を見てください。世界各国の女性の労働力率と合計特殊出生率の関係性について、その推移を示したものです。1970年、1985年、2000年と年代ごとに3つの図が示されています。先述の図3-4は図3-5の2000年の図に対応します。

これによると、1970年には労働力率で見た女性の社会進出が遅れている国ほど、合計特殊出生率が高い傾向にありました。しかし、時代とともにその傾向は変わり、2000年には真逆の相関関係が示されています。

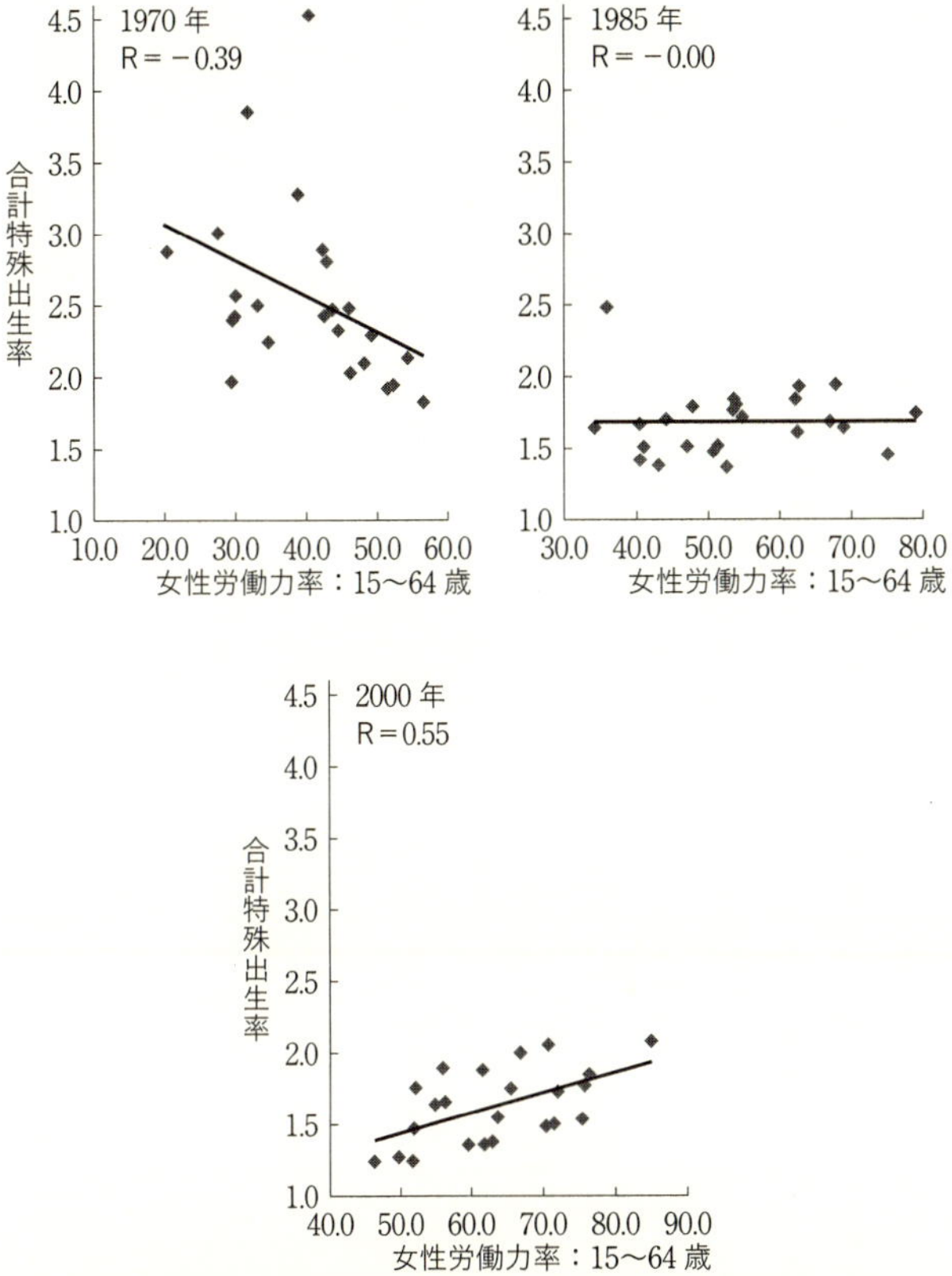

出典：内閣府男女共同参画局　少子化と男女共同参画に関する専門調査会　少子化と男女共同参画に関する社会環境の国際比較報告書　1. 女性の労働力率と合計特殊出生率

図 3-5　労働力率と出生率の関係性の推移

つまり、労働力率と出生率の関係は普遍的なものではありません。女性の社会進出が進んでいない国ほど出生率が高い時代があったことを考えると、安直に女性の社会進出を促進すれば出生率も上がるという見解の妥当性が疑われます。

時間の経過とともに、労働力率と出生率の関係性は変化しています。そんな時には、労働力率と出生率以外の外部要因がどのように変化したかを考察すべきでしょう。

実は、本節の例はシカゴ大学山口一男教授による「女性の労働力参加と出生率の真の関係について：OECD諸国の分析」をヒントに執筆しました。

彼は、野球のMLB（メジャー・リーグ・ベースボール）やバスケットボールのNBA（ナショナル・バスケットボール・アソシエーション）の選手のように、世界の舞台で活躍する研究者です。

海外で博士号を取得する日本人は増えたものの、研究の最前線であるアメリカの大学で教職を得る日本人は多くありません。そうした数少ないスター研究者が発表した論文です。

その論文では、「女性が労働力として参加すると出生率が上昇し、少子化を食い止めるか」という仮説を検証して、実証的根拠はないとしています。むしろ、女性の労働力率はいままでも出生率と負の関係にあり、OECD諸国における正の相関は見せかけである可能性を指摘します。

また、見せかけの相関を示すのは、仕事と家庭の両立が以前より容易になったからだといいます。ただ、それだけではすべてを説明出来ず、各国特有の要因もこうした相関の背後にあるのではないかとしています。残念ながら、特有の要因が具体的に何であるかまでは分かりません。

興味のある読者は読んでみてくださいと言いたいところですが、学術論文は敷居が高いという人もいるでしょう。

気軽にということであれば、日経COMEMOに掲載された荒川和久氏の「女性の就業率があがると出生率があがるなんて嘘はもういい加減やめてほしい」(2020年9月27日)の記事が読みやすいです。日本の47都道府県のデータを使って、女性の就業率と出生率の関係を論じています。

◉補論：合計特殊出生率

ニュースでよく耳にする合計特殊出生率という用語。どのように計算するかご存じでしょ

表 3-1　平成 26 年合計特殊出生率(大分県・確定数)の算出表

年齢階級(歳)	年齢階級別女子人口(人) A	母の年齢階級別出生数(人) B	母の年齢階級別出生率 B×5/A
15〜19	26,000	125	0.02404
20〜24	25,000	947	0.18940
25〜29	26,000	2,741	0.52712
30〜34	31,000	3,214	0.51839
35〜39	36,000	1,893	0.26292
40〜44	39,000	350	0.04487
45〜49	35,000	9	0.00129
計	218,000	9,279	1.56802→1.57

出典：大分県 数字で見る「大分県の保健・福祉」 合計特殊出生率について

うか。興味がある方のために少し触れておきましょう。

大分県のウェブサイトの説明が分かりやすいです。それによると、「合計特殊出生率は、15歳から49歳までの女性の年齢別出生率を合計したもので、1人の女性が仮にその年次の年齢別出生率で一生の間に生むとしたときの平均子ども数に相当します。15歳から49歳までの年齢別の出生率を「合計」し、限定した女性人口を用いるので「特殊」が付いています。」とされます。14歳以下や50歳以上の女性による出産は含まれません。

計算の仕方は、平成26年分までは、合計特殊出生率＝{(母の年齢階級別出生数×

5)÷(年齢階級別女子人口)}として(15歳から49歳までの母の年齢階級別出生率の合計)でした(表3-1を参照)。各年齢階級が5歳区切りなので、×5となっています。

ただ、平成27年分からは、合計特殊出生率={(母の年齢別出生数)÷(各年齢別女子人口)}として(15歳から49歳までの母の年齢別出生率の合計)と計算されるように変わりました。年齢階級別ではなく、年齢別になったため、×5がなくなっています。

文章や数式だけよりも数値例の方が分かりやすいでしょう。具体的には表3-1を参照してください。出生率の計算には、女子人口と出生数が関係しています。このことは「少子高齢化」の章でも扱うので記憶に留めておかれるとよいでしょう。

何となく知っているようで、きちんと理解していない用語は多いです。合計特殊出生率に関しても、へぇーと思われたのではないでしょうか。

4章　男女間賃金格差

性別による**賃金格差**は世界各国で見られますが、日本はそれが顕著であると問題視されています。

経済協力開発機構（ＯＥＣＤ）が公開しているデータ（２０２３年12月時点）によると、日本の男女間賃金格差は22％とＯＥＣＤの平均である12％よりかなり高く、その差が際立っています。

格差が一番小さい国はベルギーの1％で、一番大きい国は韓国の31％。それ以外にも、アメリカは17％、イギリスは14・5％、ドイツは14％などとなっています。

なお、アメリカ、イギリス、韓国は２０２２年の数値、日本、ＯＥＣＤ平均、ドイツは２０２１年、ベルギーは２０２０年の数値です。日本の２０２２年の数値は21％と前年とほぼ

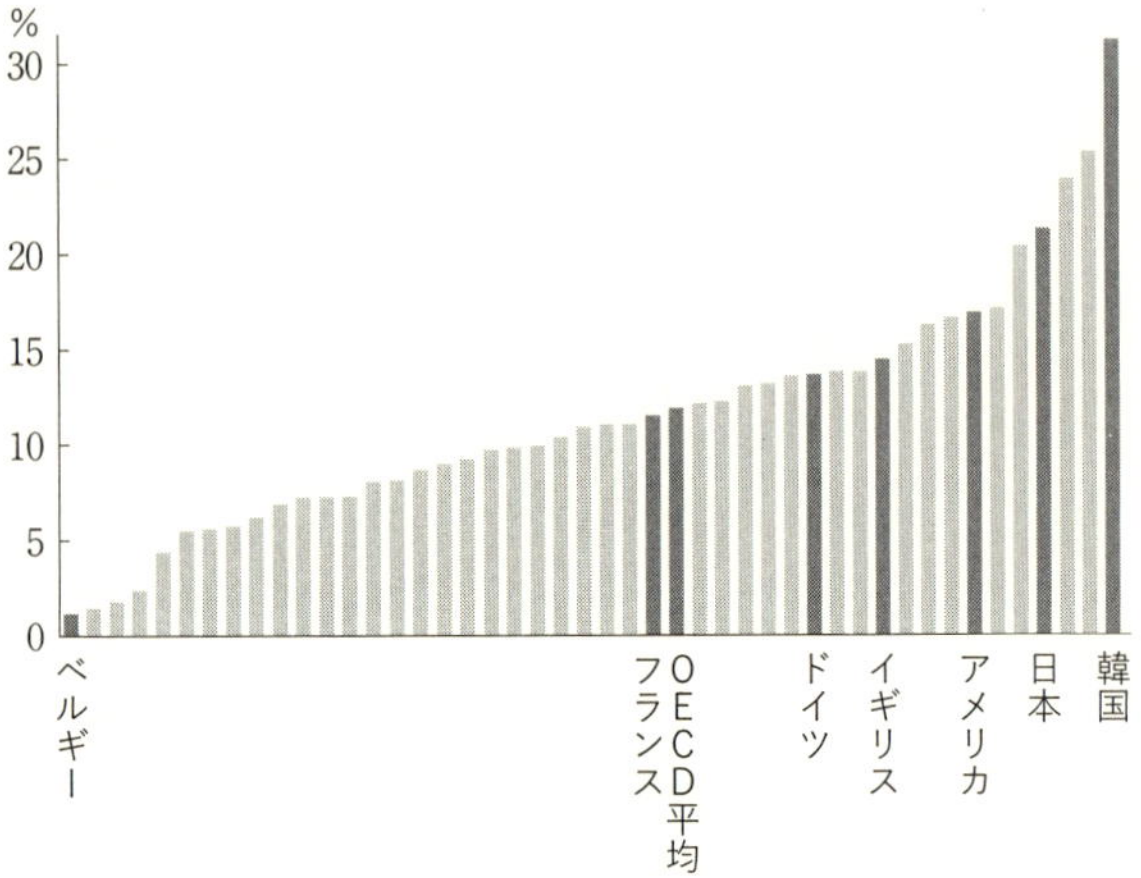

出典：OECD 東京事務所「男女間賃金格差」OECD (2023), Gender wage gap (indicator). doi: 10.1787/7cee77aa-en (Accessed on 10 December 2023). 一部改変

図 4-1　世界各国の男女間賃金格差

変わりません。

　ＯＥＣＤが公表する**男女間賃金格差**は、「男性所得の中央値に対する男性と女性の所得中央値の差」と定義されます（ＯＥＣＤ東京事務所）。

　中央値とは、賃金額を順番に並べた時にその順番が真ん中にくる値です。例えば、賃金が1万、5万、10万、30万、100万の5人いれば、右からも左からも3番目の10万が中央値となります。賃金が0・3万、2・7万、8万、16万、40万の5人いれば、8万が中央値です。前者が男性の賃金で、後者が女性の賃金であれば、（10－8）÷10より、男女間賃金格差は20％となります。

日本では、賃金格差を是正するための取り組みの1つとして、301人以上の労働者がいる企業には、男女の賃金の差異を公表することを義務付けています。2022年施行の改正女性活躍推進法によるものです。さらに「女性版骨太の方針2023」（「女性活躍・男女共同参画の重点方針」）では、公表が義務付けられる企業の拡大を検討しています。

男女間賃金格差に関する議論が高まりを見せる中、2023年はこれまで以上に男女間格差に注目が集まった印象があります。

ハーバード大学のクラウディア・ゴールディン教授が2023年のノーベル経済学賞を受賞したのはその一因でしょう。労働市場における男女間の格差などが彼女の主要な研究テーマです。受賞後には日本のメディアからの取材に対し、日本の労働市場における男女間格差についてコメントしていました。

本章では、労働市場における男女間格差のうち、賃金に焦点を当てます。女性の賃金を高く見せるトリックと題して、**シンプソンのパラドックス**の事例を紹介します。また、表のデータだけでなく、図のデータを使って、分類したデータを分析する重要性を確認します。

◉女性の賃金を高く見せるトリック

男女賃金格差が言われ、女性の賃金は男性の賃金よりも低いとされています。しかし、女性の平均時給が5700円、男性は5550円であり、女性の時給の方が高いと言ったら信じるでしょうか。

計算の仕方によっては現実に起こりうる話です。

表4-1を見てください。架空の企業における男女の職種別平均時給とそれぞれの職種で働く人数を示しています。

表4-1　男女の職種別時給と人数

		技術職	事務職
女性	時給	6000	4500
	人数	80	20
男性	時給	6750	5250
	人数	20	80

職種は技術職と事務職に分けられており、特別な知識が必要である技術職の時給の方が、一般的な事務を行う事務職よりも高くなっています。例えば、女性の技術職の平均時給は6000円、事務職の平均時給は4500円です。

この企業では、男女ともそれぞれ100人働いていて、性別によって職種の割合が違います。女性の8割は技術職で、残りの2割が事務職です。男性の場合、その比率が逆転して技術職は2割だけで、残り8割は事務職となっています。

表4-1より、女性全体の平均時給を計算してみましょう。職種別の人数の割合を勘案す

ると、6000×0.8＋4500×0.2＝5700円となります。本節冒頭の数字です。一方、男性全体の平均時給は、6750×0.2＋5250×0.8＝5550円となり、男性よりも女性の平均時給の方が高くなります。

しかし、表4-1の数字を注意深く見ると、その結果に違和感を覚えるでしょう。それぞれの職種別に比べると6750＞6000と5250＞4500より、技術職、事務職のいずれでも男性の平均時給の方が高いです。

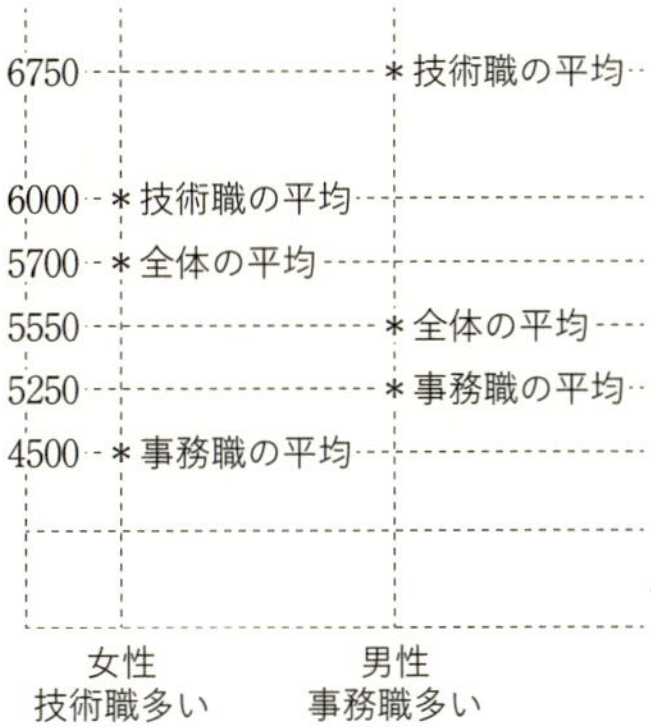

図 4-2　シンプソンのパラドックス

この様子を描いたのが図4-2です。この図のように、全体で比べると女性よりも男性の平均時給の方が低いのに、職種別に比べるといずれの職種でも女性よりも男性の平均時給の方が高いといった具合に正反対の結果になります。シンプソンのパラドックスという現象です。

全体で見ると男性の平均賃金が低くなってしまうのは、技術職と比べて時給の低い事務職に占める割合が男性では8割と多いからです。男性全体の平均賃金を計算すると、時給の低い事務職の影響が強く出てしまいます。女性の場合はその逆です。

もし女性が活躍出来ることをアピールするために、この会社が全体の平均時給を比べて、「女性の時給の方が高い異色の職場」と宣伝してもウソではありません。ただ、職種別に比べると、いずれの職種でも女性よりも男性の平均時給の方が高く、男性優位な男女間時給格差があります。

女性の(職種別の)時給が男性よりも高いと勝手に思い込んで入社したものの、現実を目の当たりにして宣伝に騙されたと思う女性社員が出てきても不思議ではありません。データの意味を理解するスキルがあれば回避出来た失敗でしょう。

この例から、全体平均だけでなく、職種別に賃金を見ることの重要性が分かります。

こうした視点は実際のデータを見る時に活かされます。

例えば、メルカリは自社内の男女の平均賃金差が40%弱と公表しましたが、賃金が高い経営陣やエンジニアには男性が多いことを理由の1つとしています(NHK「あなたの会社にも? なぜ男女の賃金に〝説明できない格差〟」(2023年11月13日))。

前述のような同じ組織内で地位や業務内容が違う場合だけでなく、職種間に起因する男女間賃金格差もあります。女性が保育士のように相対的に賃金が低い職種に偏る場合です。正規・非正規雇用の観点から、男性に比べて女性の方が賃金の低い非正規雇用の割合が高いことも格差の要因として指摘されています。

このように、男女間賃金格差はいろいろな要因から生じており、企業内で女性の待遇を改善するだけでは解決せず、職種間や正規・非正規間の格差といった具合に、幅広く社会全体の在り方まで考えないと解決が見込めない問題なのです。

いずれにしても全体的に眺めたのでは分からず、分類したデータを分析して初めて明らかになることです。**データを分類・整理することの重要性**を改めて理解していただけたのではないでしょうか。

◉身長が高いと収入も高い⁉

シンプソンのパラドックスは興味深い現象です。注意深く考えないと騙されてしまいます。

著者はアメリカの大学で統計学を教えていましたが、このシンプソンのパラドックスは講義のつかみに最適でした。図表を使って理解する平易な内容から数式を用いる回帰分析への橋渡しにちょうどよいのです。

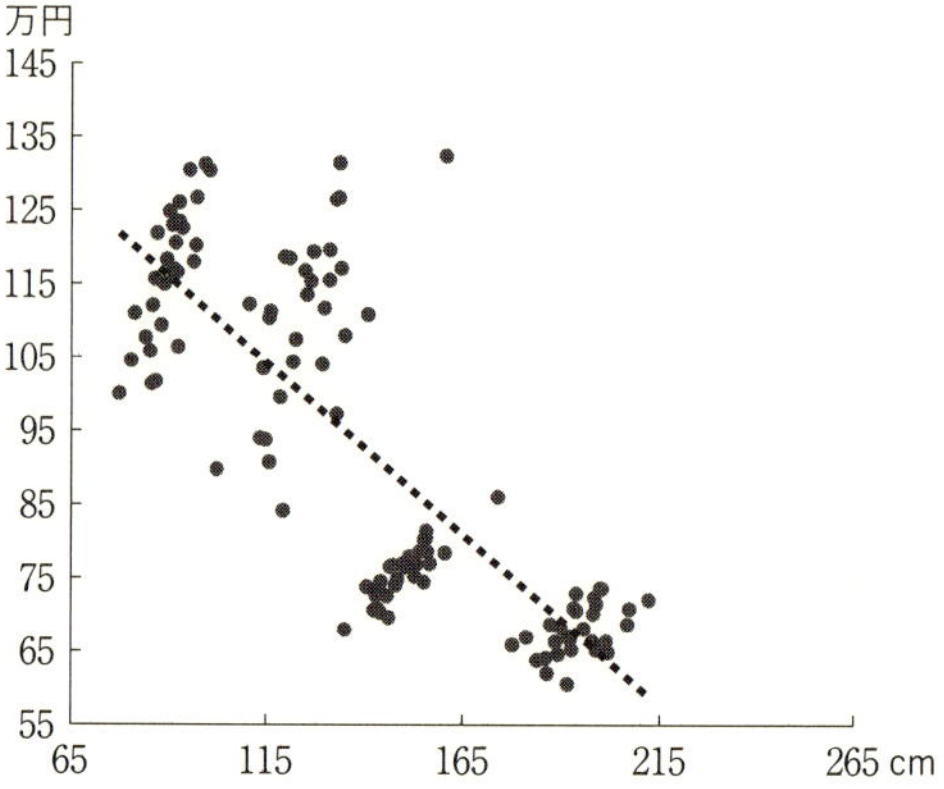

図 4-3　身長と収入の関係

本節では、シンプソンのパラドックスの応用として、表のデータではなく、図のデータを使って、同じカテゴリーで比較する重要性を確認します。回帰分析でも使われる大事な考え方につながるものです。

シンプソンのパラドックスは、賃金に留まらず、いろいろな適用例があります。2つの高校の成績を比べる場合、一方の高校の方が数学と英語のいずれの平均点も高いが、生徒数を考慮して科目全体の平均点を比較すると他方の高校の方が高い点数になるといった逆転現象もその1つです。

賃金が焦点の本章では、社会科学でよく知られている身長と収入の関係を例題として取り上げましょう。

図4-3は、A国、B国、C国、D国という4

か国に住む人たちの身長と収入のデータを集めて、両者の関係を図に描いたものです。横軸はセンチメートルで測った身長で、縦軸は万円を単位とする収入です。

図の各点●はサンプルデータです。A国に住むイブさんの身長と収入だったり、B国に住む馬場さんの身長と収入だったりと、多くの人の身長と収入のデータを示しています。点線は傾向線であり、身長と収入の間にはどのような関係があるかを直線で近似して示しています。傾向線は右下がりになっています。

初めてこの図を見た人は身長と収入の関係性をどのように認識するでしょう。おそらく身長が高い人ほど収入が低いと思うのではないでしょうか。

では、身長が高い人ほど収入が低いと言って良いでしょうか。

これまでの議論を思い出してください。ヒントは4か国です。

実は、身長と収入の関係をそれぞれの国ごとに描いてみると、図4-4から図4-7のようになります。

図4-4から図4-7では、身長が高い人ほど収入も高い傾向にあります。両者の関係を直線で近似した傾向線はいずれも右上がりです。身長が高い人ほど収入が低いと思わせる図4

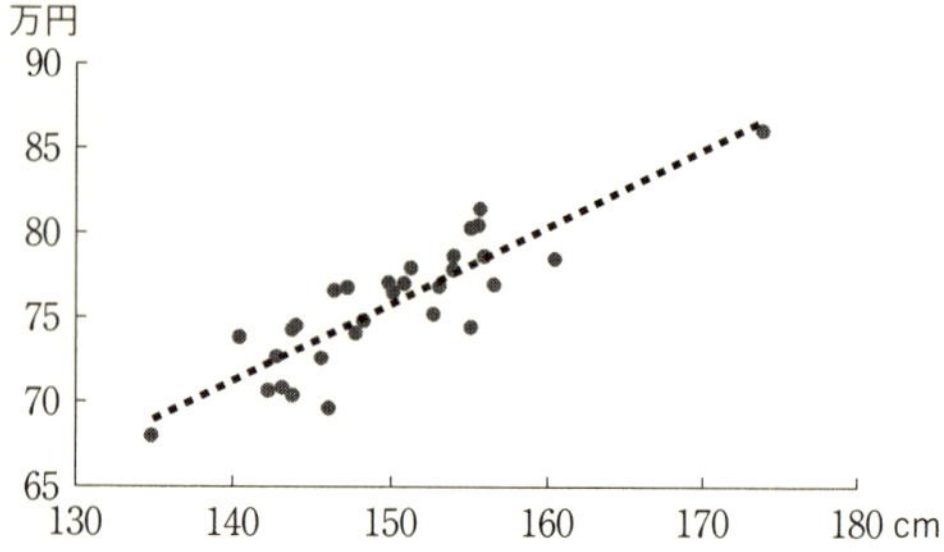

図 4-4　A 国のデータ

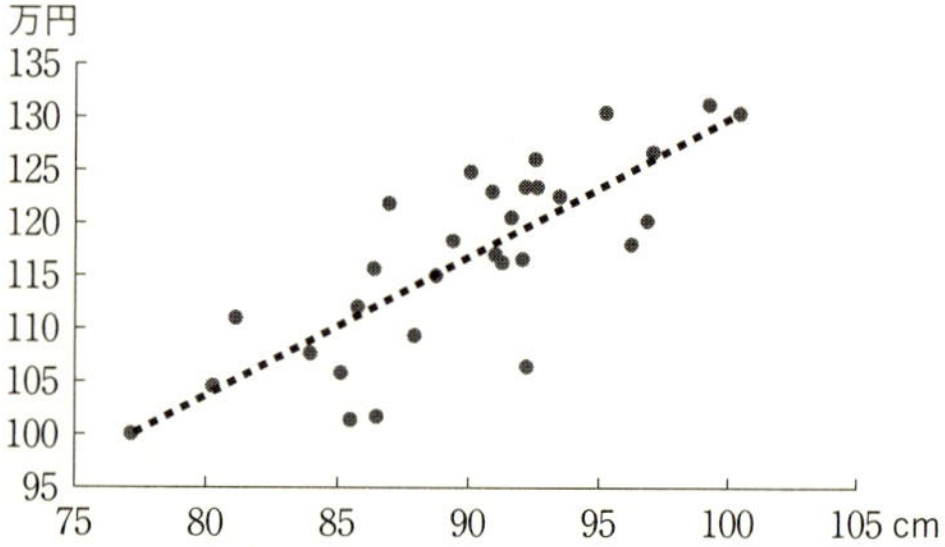

図 4-5　B 国のデータ

-3とは逆の結論になっています。

図4-3を見るだけでは分からなかったでしょうが、図4-8のように国ごとのデータを○で囲うと違った関係が見えてきます。

これは前節の男女別時給格差の例題と同じ現象です。国というカテゴリーを無視して全体で見た場合とカテゴリーに分けて国ごとに見た場合では結論が異なります。

専門的に言えば、身長と収入は、全体(母集団)では**負の**

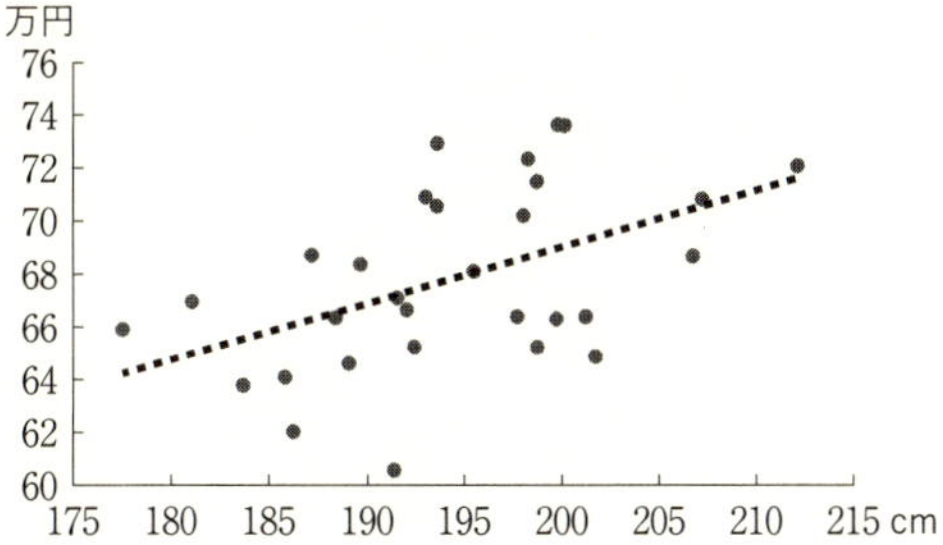

図 4-6　C 国のデータ

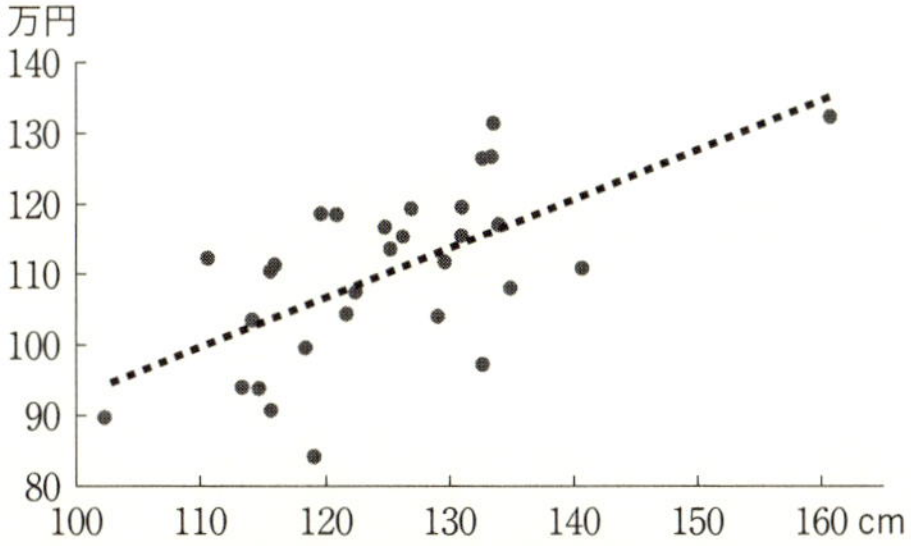

図 4-7　D 国のデータ

相関ですが、各国(母集団を構成する一部)では**正の相関**が見られます。

正の相関とは、ある変数が増加した時にもう一つの変数も増加する関係です。一方、負の相関とは、ある変数が増加した時にもう一つの変数が減少する関係です。

もう少し厳密に議論するために、相関係数を計算してもよいでしょう。相関係数とは、身長と収入といったデータの関係性(厳密に言えば線形の関係性)を測る指標で、−1か

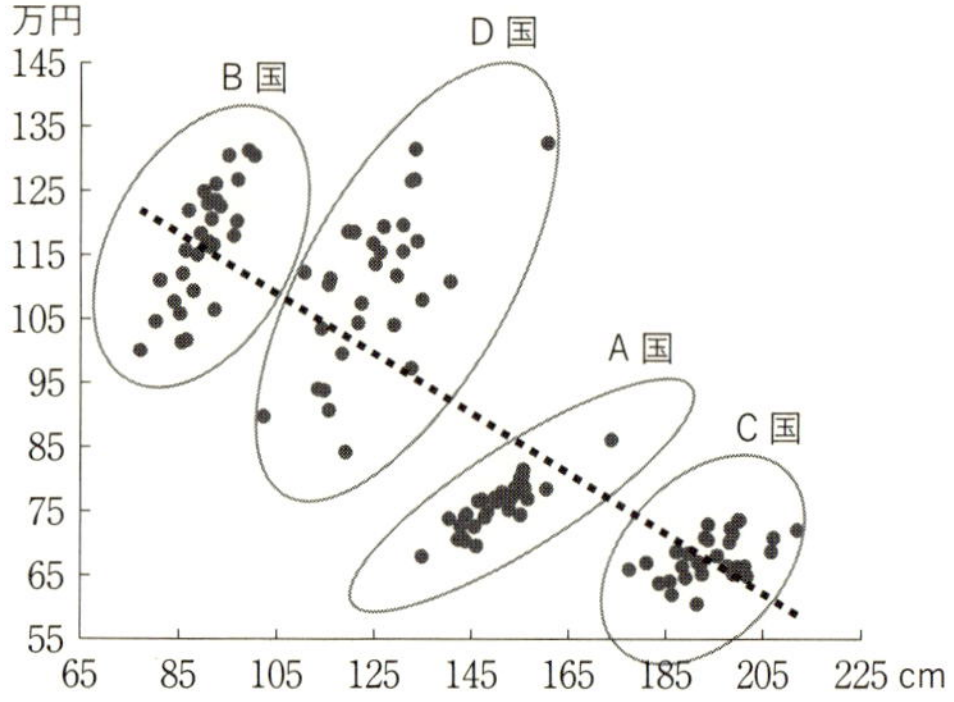

図 4-8　身長と収入の関係(4 か国のデータ別)

ら1までの数値で示されます。マイナスであれば負の相関、プラスであれば正の相関があります。

元のデータを使って計算すると、全体の相関係数は−0.81であるのに対し、A国の相関係数は0・87、B国は0・80、C国は0・49、D国は0・63になります。全体ではマイナスですが、国ごとではプラスに逆転します。

全体と国ごとで結論が変わるのは、4か国間の違いが原因です。国によって身長や収入の水準がかなり違います。国による違いを考慮すると、身長が高い人ほど収入が減るわけではありません。むしろ、身長が高い人ほど収入が高くなる傾向があります。

国といった分類ごとに分析しないと、身長と収入についての本当の関係は見えてこないのです。

ここからは余談ですが、国ごとや職種ごとに分類して比較することを層別解析と言います。分類を意識した大事な分析方法ですが、この方法は分類が多くなると使いづらくなるという欠点があります。

前節の例で言えば、性別と職種別による分類であったので2×2＝4層でしたが、学歴別や地域別、年齢階層別などを考慮すると、層がどんどん増えていきます。すると、表4－1のような形では扱いづらいです。

そこで、大学の講義では重回帰分析を学ぼうという流れになります。

男女間賃金格差を考察するのであれば、職種だけでなく、学歴、地域、年齢といった賃金水準に影響を与えるほかの要因を考慮した分析となるのです。

本節の例で言えば、国だけでなく性別や年齢、学歴なども収入水準を考えるうえでは大事な要因です。重回帰分析ではこうした要因を一緒に分析出来て、身長が1センチ上がると収入が○円上がるという具合に数値で変化の程度まで分かります。

重回帰分析に関してはこの程度の説明にとどめますが、本章の例題を通じて、同じカテゴリーのデータを比べないと意味のない比較になることを改めてご理解いただけたのではないでしょうか。

私たちの日常生活にあふれかえる情報。その中には知ってか知らずかミスリードするものも多いです。そうした情報の正当性を誇示するように数字を使ったデータを示されると、なんとなく科学的に根拠があるように感じてしまうかもしれません。

しかし、必ずしもそうとは限りません。無知に起因した勘違いから誤った情報を提供したのかもしれないし、自分の主張を都合よく正当化する手段としてあえてミスリードしていることもあります。嘘をつかずに人を騙すこともあるわけです。

データの読み方を学び、正しく解釈出来るようになると、こうした情報に踊らされません。適切に情報を活用するにはデータ分析のスキル習得が欠かせないのです。

5章 子育て

2022年10月末、新たな子育て支援策として「出産(子育て)クーポン」事業を開始することが決定されました(内閣府「物価高克服・経済再生実現のための総合経済対策」について)。

2023年1月1日以降に生まれた子ども1人あたり10万円分のクーポンを配る事業です。妊娠時や0~2歳の子育て支援の充実を目的としています。出産や子育てにはお金がかかりますが、その経済的な負担を支援しようとしています。

子育てに関する支援は、大まかに次の2つに分類されます。子育てにおける経済的な負担を軽減するための支援と、子育てをしながら仕事も出来るようにするために環境を整備する支援です。出産(子育て)クーポンは前者に当たります。

子育て世代は収入に比べると支出が多いと言われます。その経済的な負担を支援する理念を否定する人は少ないでしょう。

ただ、政権の支持率が低迷している時や選挙前に打ち出される支援策は、その内容が公平性や財源の観点からきちんと設計されていないとバラマキとの批判を受けかねません。

経済的な援助では、子育てが楽になっても子どもを産む誘因とはならないというように、その効果を疑問視する声があります。このため、今後の支援では家庭と仕事を両立させるための環境整備の重要性が増すのではないかと予想されます。

そこで、子育てをめぐる支援のうち、育児休業の取得に焦点を当てます。育児休業制度は今後の支援の中核を担うであろう環境整備の1つである重要なトピックです。

育児休業に関連した例題を通じて、イメージからの思い込みを排除して論理的思考が出来るかを試しましょう。例えば、育児休業取得率が高い女性の方が、男性よりも育児休業を利用する数も多いというイメージを持ちやすいですが、必ずしもそうとは限りません。用語の定義に立ち戻り、率と数の違いを区別する必要が強調されます。

◉育児休業取得率

図5-1は平成8年から令和3年までの日本の育児休業取得率の推移を性別毎に示したも

のです。図の下には、**育児休業取得率**の計算方法の説明があります。

例えば、令和3年の育児休業取得率を見てみましょう。

「令和元年10月1日から令和2年9月30日までの1年間に在職中に出産した女性のうち、令和3年10月1日までに育児休業を開始した者(育児休業の申出をしている者を含む。)の割合は85・1%……令和元年10月1日から令和2年9月30日までの1年間に配偶者が出産した男性のうち、令和3年10月1日までに育児休業を開始した者(育児休業の申出をしている者を含む。)の割合は13・97%」となっています。

出典:厚生労働省「令和3年度雇用均等基本調査」結果を公表します
〜女性の管理職割合や育児休業取得率などに関する状況の公表〜Press Release

図5-1を見ると、男性の育児休業取得率は平成8年の0・12%とほぼ0から始まって上昇する傾向にありますが、令和3年でもまだ15%以下です。一方、女性の育児休業取得率は平成8年で既に5割弱。その後、90%まで上昇しますが、平成21年以降その取得率は80%台でほぼ横ばいです。

もし女性の育児休業取得率が男性の取得率よりも高いならば、女性の育児休業取得者数は

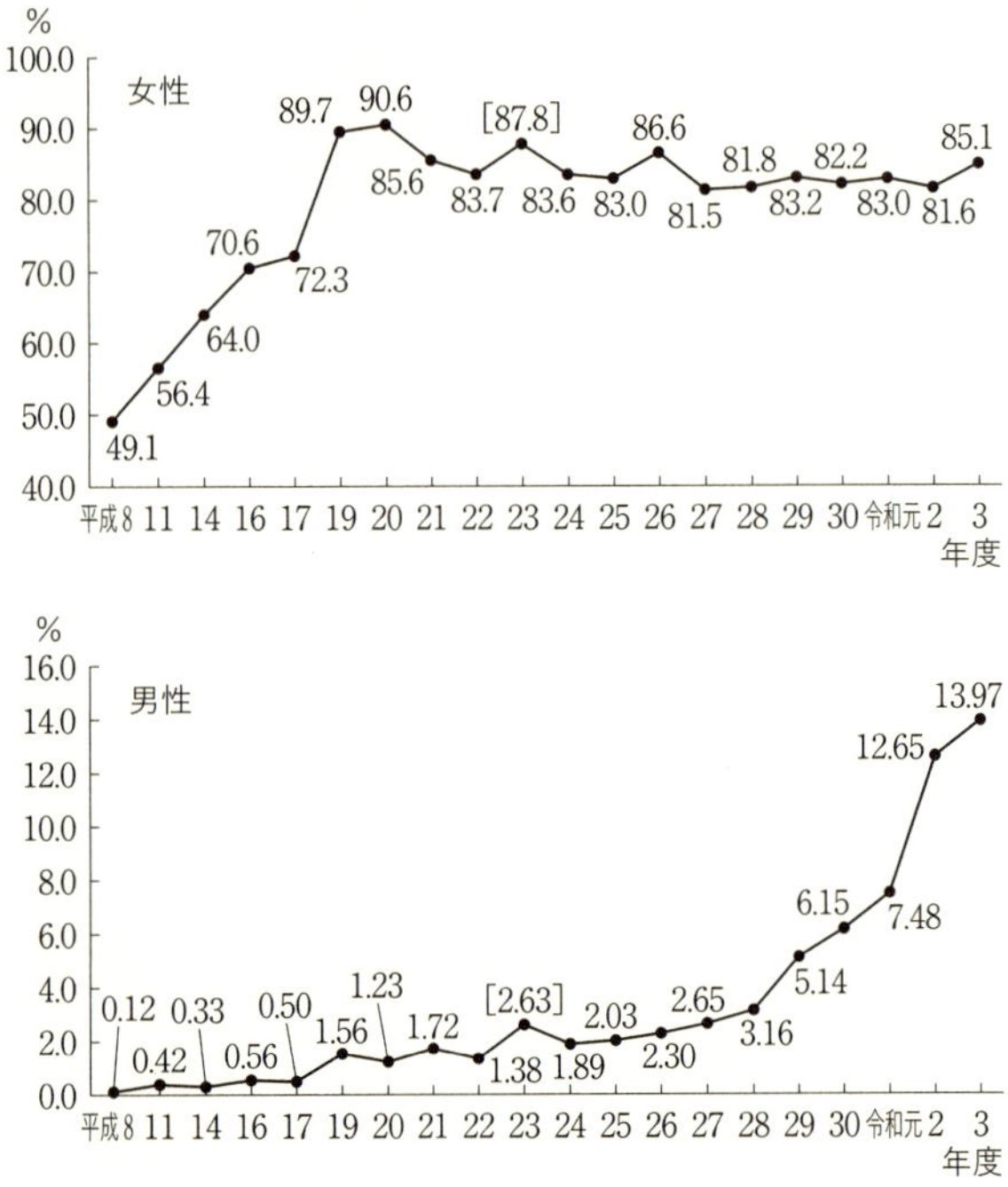

注：平成 23 年度の［　］内の割合は，岩手県，宮城県及び福島県を除く全国の結果.

育児休業取得率＝出産者のうち，調査時点までに育児休業を開始した者(開始予定の申出をしている者を含む.)の数／調査前年の 9 月 30 日までの 1 年間(※)の出産者(男性の場合は配偶者が出産した者)の数

※平成 22 年度までは，調査前年度 1 年間.

出典：厚生労働省「令和 3 年度雇用均等基本調査」結果を公表します
～女性の管理職割合や育児休業取得率などに関する状況の公表～
Press Release

図 5-1　育児休業取得率の推移

男性の取得者数よりも必ず多いと言えるでしょうか。

日本の現状についての知識を聞いているわけではないので、あくまで文面のみに即して考えてください。

これはイメージからの思い込みを排除し、用語の定義に即してきちんと考えられるかを試す質問です。育児休業取得率が高い性別の方が、育児休業を利用する数も多いというイメージを持ちやすいです。

しかし、必ずしもそうとは限りません。取得者数は取得率とは違います。その区別をきちんと理解しているかどうかを試す質問になっています。

「必ず○○です。」という記述では、数値をシミュレートしてその記述への反例を考えてみるとよいです。女性の育児休業取得率の方が高くても、女性の育児休業取得者数の方が少ない場合があれば、その記述は成立しません。似たような例題は少子高齢化の章でも扱いますが、それに比べると簡単に反例を見つけられる設定となっています。

例えば、女性の育児休業取得率が70％で男性の育児休業取得率が15％でも、働く女性の総数が200人で働く男性の総数が1000人であれば、女性の育児休業取得者数は140人、男性の育児休業取得者数は150人になります。男性の取得者数の方が多いです。

育児休業取得者数は各性別の人数によって変わるので、必ず女性の数の方が多いとは言えません。ここでは取得率だけではなく働いている男性と女性の人数によって取得者数が変わることを押さえておきたいです。数値をシミュレートして自分で考えるスキルが求められます。

また、ここでわざわざ働いている女性と書いているのは意味があります。図5-1の育児休業取得率の計算式を見てみましょう。

育児休業取得率の定義には在職中に出産した女性とあるので、女性の育児休業取得率を計算する時には出産や子育てのために離職した人は含まれません。つまり、女性の育児休業取得率とは、育児休業を取得したおかげで離職せずに出産や子育てが出来た女性の割合ではないことに留意が必要です。

そこで、出産のために離職した女性を含めて女性の育児休業取得率を計算し直してみましょう。つまり、出産のために離職した女性+在職中に出産した女性のうち、育児休業を開始した者の割合を計算します。

その際、離職した女性は「育児休業を開始出来なかった者」としてカウントします。育児休業を取得してないからです。そして、出産のために離職した女性が相当数いるものとしましょう。

この再計算された女性の育児休業取得率は、図5‐1に示される女性の育児休業取得率に比べて、どのようになるのでしょうか。

常に高い率それとも常に低い率になるでしょうか。もしくはほとんど変化がなかったり、変化があってもその変化に規則性がなかったりするのでしょうか。

図5‐1で示す育児休業取得率の計算方法をきちんと理解出来る方にはそれほど難しくない質問でしょう。ただ、中には戸惑う方もいるかもしれません。

分からない時には前の質問を振り返ってみましょう。前の質問で見た数と率の関係は、この質問に答えるためのヒントになっています。働いている総数と育児休業取得者数から育児休業取得率を導いたことを思い出してください。

例えば、現在働く女性の総数が200人で、そのうちの育児休業取得者数が140人であれば、現在の女性の育児休業取得率は70％となります。ここまでは前述の復習です。

この時、仮に出産のために離職した女性の数が50人なら、再計算した女性の育児休業取得率は56％（＝140÷（200＋50））へ低下します。

この数値例から推測出来るように、出産や子育てのために離職した人を考慮して再計算した育児休業取得率は必ず低下します。

この結論は育児休業取得率の計算式から明らかです。計算式を分子と分母に分けて考えてみましょう。

離職した女性は「育児休業を開始出来なかった者」としてカウントするため、分子の数である女性の育児休業取得者数は変わりません。

しかし、出産のために離職した女性が相当数いる場合、それを含めた分母の数は200から250へといった具合に大きく増加します。

分子が変わらずに分母だけが大きくなれば、その割合は必ず小さくなります。

出産のために離職した女性が相当数いるならば、再計算された女性の育児休業取得率は、図5-1に示される女性の育児休業取得率よりも常に低い率になるわけです。

女性の育児休業取得率が高いと、多くの女性が育児休業制度の恩恵を受けているように見えます。しかし、出産のために離職した女性が相当数いるならば、実際に思っているほど育児休業が有効活用されていないかもしれません。

資料の理解は学校での学習や卒業後の仕事で有用なスキルです。資料の内容が理解出来なければ議論が始まりません。

ここでは2つの質問を通じて順序立てて物事を理解しながら、育児休業が有効活用されているかを論理的に考える素養があるかを試しました。

単に育児休業取得率の高さを見るだけではダメで、出産や子育てのために離職した女性の人数を考慮しなければ、本当の意味で育児休業が有効に活用されているかは分からないのです。

◉育児休業後復職者

育児休業制度が有効に活用されているかを判断する指標は、育児休業の取得により仕事を休む場合の取得率だけではありません。育児休業が終了して仕事へ復帰する場合に対応する取得期間も見る必要があります。

仮に育児休業の取得率が高くなっても、その期間が短くてはあまり意味がありません。育児は、1週間などの短期間では完結せず、ある程度の期間続くからです。

平成27年度、平成30年度、令和3年度の日本における取得期間別育児休業後復職者割合の推移を性別ごとに示した図5-2を見てみましょう。

図5-2の見方ですが、令和3年度の女性を例にとると、令和2年4月1日から令和3年

6か月～8か月未満	8か月～10か月未満	10か月～12か月未満	12か月～18か月未満	18か月～24か月未満	24か月～36か月未満	36か月以上
10.2	12.7	31.1	27.6	4.0	2.0	0.6
8.8	10.9	31.3	29.8	4.8	3.3	0.5
6.4	8.7	30.0	34.0	11.1	4.5	0.6
0.2	0.7	0.1	2.0	0.0	—	—
0.9	0.4	0.9	1.7	—	0.1	—
1.9	1.1	1.4	0.9	0.0	0.2	—

職した者をいう.
女性の管理職割合や育児休業取得率などに関する状況の公表～Press

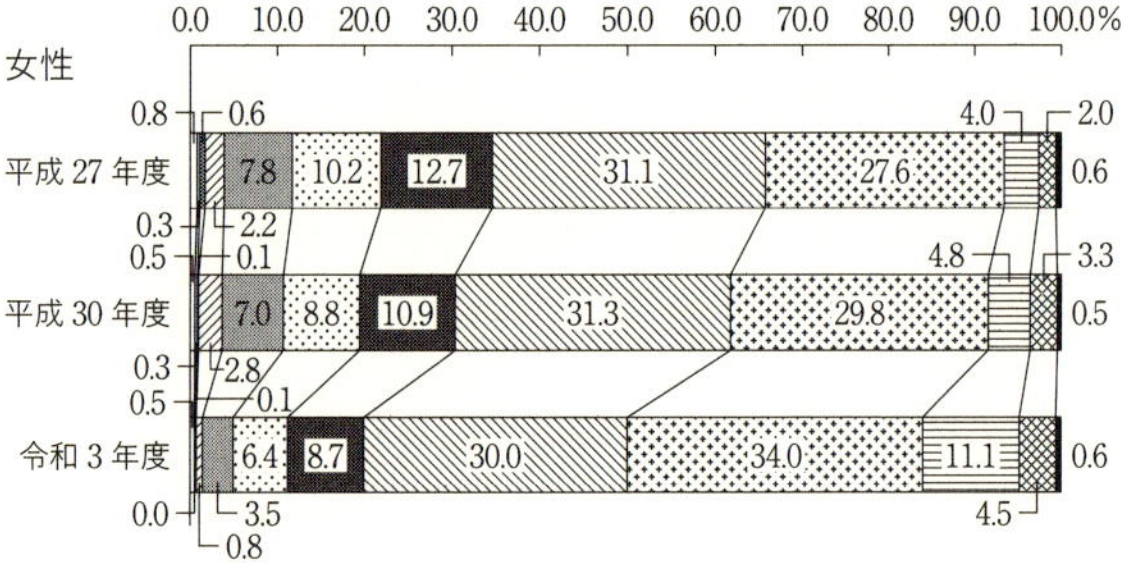

図 5-2　育児休業後復職者の割合

		育児休業後復職者計	5日未満	5日～2週間未満	2週間～1か月未満	1か月～3か月未満	3か月～6か月未満
女性	平成27年度	100.0	0.8	0.3	0.6	2.2	7.8
	平成30年度	100.0	0.5	0.3	0.1	2.8	7.0
	令和3年度	100.0	0.5	0.0	0.1	0.8	3.5
男性	平成27年度	100.0	56.9	17.8	8.4	12.1	1.6
	平成30年度	100.0	36.3	35.1	9.6	11.9	3.0
	令和3年度	100.0	25.0	26.5	13.2	24.5	5.1

注：「育児休業後復職者」は，調査前年度1年間に育児休業を終了し，復
出典：厚生労働省「令和3年度雇用均等基本調査」結果を公表します～
Release

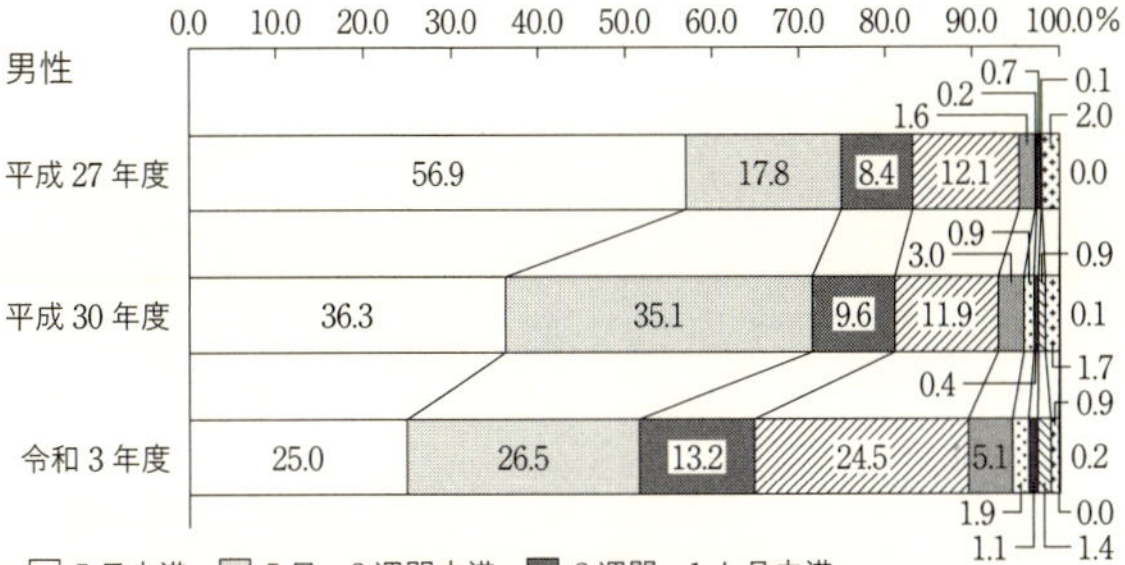

3月31日までの1年間に育児休業を終了して復職した女性のうち、育児休業期間が12か月〜18か月未満の者の割合は34・0%となっています。

令和3年度の場合、令和2年4月1日から令和3年3月31日までの1年間としているのは、「調査前年度1年間に育児休業を終了し、復職した者」と定義されているからです。

図5-2より、復職者の取得期間についていくつかの特徴が分かります。

まず、男性の場合は取得期間の短さです。

取得期間が5日未満である復職者の割合は、平成27年度には半数を超える56・9%でした。平成30年度には36・3%、令和3年度には25・0%と低下するものの、取得期間が2週間未満である割合で見ると令和3年度でも半数を超えています。また、どの年度で見ても取得期間が6か月以上である復職者の割合は6%未満とかなり少ないです。

次に、女性の場合には、男性より取得期間が長いことと取得期間が延びたことが見て取れます。

男性の半数強が2週間未満の取得期間であるのに対し、10か月〜18か月未満が女性のボリュームゾーンです。この期間の割合が大体6割になっています。

また、平成27年度に比べると、令和3年度では12か月〜24か月未満の割合が増える一方、3か月〜10か月未満の割合は減っています。以前に比べると育児休業の取得期間が長い女性の割合が増えています。

本節と前節の資料を合わせて考えると、日本における男性の育児休業の現状が見えてきます。

確かに、男性の育児休業取得率は急速に高まっていますが、取得期間が短く、その内実はお世辞にも十分とは言えません。

平成時に比べると大幅に改善している令和3年度でさえ、5日未満の割合が4分の1で、2週間未満だと過半数を占めます。育児休業を取得していると言っても、数日から2週間以内の人が多いわけです。

もちろん数日でも子育てにコミット出来る時間が生まれるのはよいことです。制度の普及は進んできています。

ただ、育児休業がきちんと取得されていますよという体裁づくりの感がしなくもありません。育児休業の内実についてはまだまだで、改善の余地がありそうです。

最後に、数と率の違いについて理解出来ているかを次の例題で復習しておきましょう。図

5-2からの数値を使いますが、日本の現状についての知識を聞いているわけではないので、あくまで文面の情報のみから判断してください。

平成□年度における育児休業の取得期間が3か月~6か月未満である男性の育児休業後復職者の割合が3・0%、令和△年度における取得期間が3か月~6か月未満である男性の復職者の割合が5・1%だとしましょう。

この時、取得期間が3か月~6か月未満である男性の育児休業後復職者の数が、平成□年度と令和△年度で同じことはあるでしょうか。ヒントは2つの年度において復職した男性の総数が同じとは限らないことです。

平成□年度に復職した男性の総数を1000人として、数値をシミュレートしてみましょう。1000人の代わりに100人としても構いません。

数値をシミュレートする時は、100とか1000とか計算しやすい値を基準に話を始めるとよいです。これは本書に掲載された多くの例題で使われるアプローチです。

1000人と仮定すると、平成□年度に取得期間が3か月~6か月未満である男性の育児休業後復職者の割合は3・0%なので、その数は30人(=1000×0.03)になります。

次に、令和△年度に取得期間が3か月~6か月未満である男性の育児休業後復職者の数が

30人となるような男性の育児休業後復職者の総数があるかを考えます。

この30人が総数の5・1％であるためには、総数は588人（＝30÷0.051）であればよいです。総数がマイナスや1より小さくないので大丈夫そうです。したがって、育児休業後復職者の割合が違っても、育児休業後復職者の数は同じになることがあります。

育児休業後復職者の割合が3・0％から5・1％に増えても、復職者の数は必ずしも増えない場合があります。パーセントが増えているので以前よりも取得期間の長い復職者が増えた印象を受けますが、そうでないかもしれないのです。

例えば、オンライン勤務の普及で育児に参加しやすくなると、育児休業を取得する人が減ることがあります。育児休業を取得する人の総数が減ることで、取得期間の長い復職者の割合が増えることもあるわけです。

前述の数値例では、平成□年度に復職した男性の総数が1000人に対し、令和△年度に復職した男性の総数は588人に減っています。その結果、取得期間が3か月～6か月未満である男性の数は30人で変わりません。

◉ウソをつかずに印象操作

育児休業が有効に活用されているかの印象は、率で見るか数で見るかによって変わります。活用が進んでいると印象付けたければ、「取得期間の長い復職者の割合が増加している」と強調すればよいし、活用が停滞していると思わせたければ、「取得期間の長い復職者の数は足踏み」とすればよいわけです。いずれも正しい記述ですが、与える印象は全然違います。世の中の出来事には大抵推進派と反対派がいます。伝える人の立場によって焦点を当てるデータが違うことがあります。すると、ウソをつかずに印象を操作出来ます。どちらの言うことも間違いではありません。

また、違ったデータの利用ほど露骨でないにしても、伝え方が違うだけで印象が変わります。

「取得期間が短い男性の割合が20パーセンテージポイント強低下した」と言えば肯定的なイメージですが、「取得期間が短い男性の割合は依然として半数を超える」と言えば否定的なイメージです。いずれも75％から52％への低下という同じデータを言い表したものです。

それ以外にも、メディアなどで耳にする独特な表現の解釈に関して留意すべきことがあります。

専門家がよく使う「○○になることがある」という趣旨の表現はその1つです。これはあたかもそうなるような印象を与えがちです。

例えば、「育児休業取得率が大幅に向上しないと少子化が急速に加速する可能性がある」と言われると、少子化を防ぐには全社員による育児休業の完全取得化が必要と考える方もいるでしょう。特に大幅や急速というワードと一緒に使われると感情に訴える力が強くなります。

確かにそうした可能性は否定出来ないかもしれませんが、確率的にはどうでしょう。むしろ、少子化の加速は育児休業の取得以外の影響の方が大きいかもしれず、育児休業の取得だけで解決出来るものではないはずです。

専門家が「○○になることがある」と言った場合、可能性の1つを示唆したに過ぎません。この表現を使うと、予想を外しても、もちろんそれ以外の可能性も承知していましたよ、という含みを持たせられます。それ以外の可能性を否定したわけではないからです。

また、メディアの取材でよくある印象ですが、断定した主張を求められることが多々あります。前述の例でいえば、育児休業取得率が大幅に向上しないと少子化が急速に加速するといった具合です。婉曲であいまいな表現より分かりやすく、アピールしやすいからでしょう。

ただ、心ある学者は「必ず〜になる」という表現はあまり使いません。というよりあえて避けます。１００％確実ということはなかなかないからです。もしそうした表現を使っていれば、分かったうえでのリップサービスでしょう。

特に、キャッチーなネット系の記事では「必ず○○です。」というニュアンスの主張を目にすることがあります。

そんな時には、ちょっと疑って「必ず○○であるといってよいか」と考える癖をつけましょう。そうでない場合が多いです。反例を１つ思いつけば「必ず」とは言えず、その主張は妥当でないことが分かります。

数字だけでなく、文章を含む情報の表現としてのデータ。本章の例題は、印象に左右されず論理的に思考する訓練を意図していました。特に、自分で数値をシミュレートして、反例を見つけたりするところが肝です。誤解しやすい情報発信に踊らされないためにも、データを適切に分析・解釈するスキルの重要性をお分かりいただけたでしょうか。

6章　少子高齢化

日本社会の未来を考えるうえで欠かせない論点の一つが**少子高齢化**です。少子高齢化が進むと労働力人口(15歳以上人口のうち、就業者と完全失業者を合わせた人口)が減少し、経済活動の規模が縮小すると危惧されています。以前ほど経済が成長しなくなるわけです。

GDP(国内総生産)に代表されるような物質的な豊かさを追求することの是非はさておき、働く人の数が減るなかで経済の成長を維持しようとすると、これまでにはなかった問題が生じます。長時間の勤務が求められて、生活の質が低下することはその一例です。

社会保障(年金・医療・介護といった社会保険を含む)の受給と負担のバランスにも問題が生じます。財源を担う現役世代の数が減る一方で、社会保障を利用する高齢者世代が増えると、現役世代の負担額が増加します。それでも財源が十分でなければ、高齢者世代の受給額が減少します。

高齢化に関する論点では、一人で生活する高齢者（いわゆる独居老人）が直面する問題に焦点が当たることも多いです。誰にも看取られることなく一人で亡くなる孤独死や同居者がいる高齢者に比べてうつの発症リスクが高いことなどです。

ここ数年は、新型コロナウイルス感染症の拡大に関連して、コロナに感染した独居老人が介護サービスを受けられないために日常生活がままならなかったり、入院できずに自宅療養しているうちに誰にも知られず孤独死していたりというニュースが報道されました。

このように、少子高齢化はこれからの社会の在り方を考える時に外せないトピックです。

そこで、本章では、日本の少子高齢化に関するデータの推移を把握することから始めて、世界各国の出生率を使った例題を考えてみましょう。

●兄弟のいる児童数が多くなるカラクリ

日本では子どもが少なくなって来ていると懸念されています。言われてみれば、筆者が子どもであった昭和の頃は兄弟姉妹がいる同級生が多かったですが、平成世代である自身の子どもの同級生には**一人っ子**が多いという印象があります。

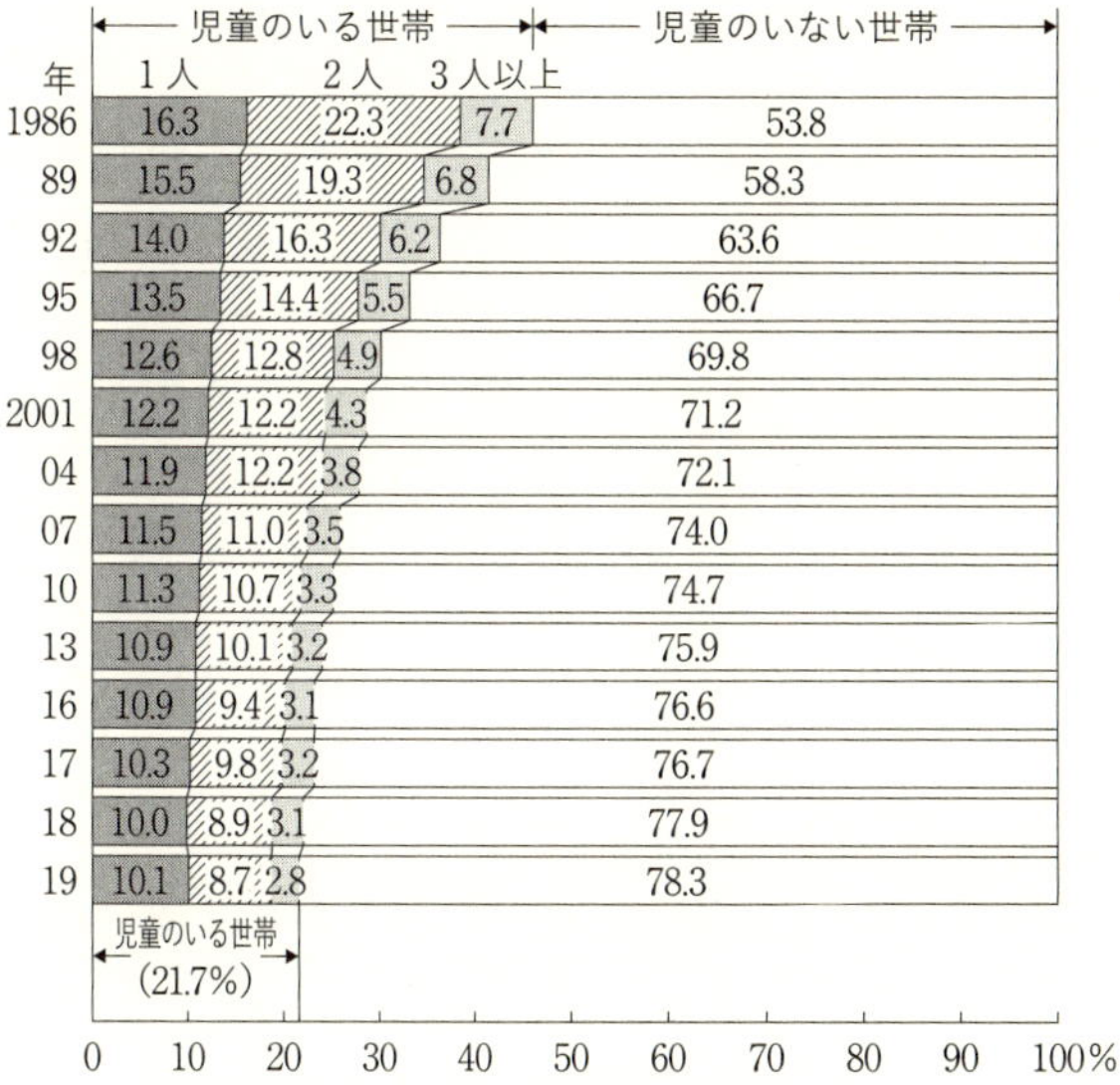

出典：厚生労働省　2019年　国民生活基礎調査の概況

図6-1　世帯別児童の有無の推移

実際はどうなのでしょうか。昭和61(1986)年に開始された国民生活基礎調査を参照することで時代を40年ほどさかのぼって、現在に至るまでのデータの推移を見てみましょう。

図6-1は1986年から2019年までの日本の世帯における児童の有無の推移を示したものです。児童というと幼い子どもをイメージしがちですが、この調査での児童とは18歳未満で未婚の者のことです。また、世帯は、家族の場合だけでなく、単身者の場合もあります。

本節では、国民生活基礎調査と対応した言及には児童という用語を使いますが、それ以外は一般的に使われている子どもという呼称を使用します。本節内で両者は同じものです。

この図を見ると、すべての世帯のうち児童のいる世帯の割合が一貫して低下しています。40年前には児童のいる世帯とそうでない世帯の割合があまり変わりませんでしたが、現在では児童のいる世帯の割合は5分の1程度です。

また、児童のいる世帯のうち一人っ子(児童数が1人)の世帯が占める割合が増加しました。2001年以前には、一人っ子である世帯の割合は、児童数が2人である世帯の割合より少なかったですが、2000年代前半にはその割合がほぼ同じになり、2007年以降は一人っ子の世帯が占める割合の方が上回っています。

2019年には、児童のいる世帯のうち児童数が1人である世帯の割合は約半分です(児童のいる世帯がすべての世帯に占める割合が21・7%、児童数が1人である世帯がすべての世帯に占める割合は10・1%なので、児童のいる世帯のうち児童数が1人である世帯の割合は47%(=10.1÷21.7)となります)。

まとめると、子どものいる世帯が減り、子どもがいても世帯当たりの数が少なくなっているわけです。

ここで質問です。2019年において、兄弟姉妹のいる児童数が総児童数に占める割合が70％以上という報道があったとします。この報道で示された割合は、図6−1の数値と整合性があるでしょうか(そのような割合になることがあるのでしょうか。それとも何かの間違いでしょうか)。

子どもが少なくなっているのに兄弟姉妹のいる子どもが70％以上などと言われると違和感を覚えた方もいるでしょう。一人っ子の世帯が占める割合が増加したことを確認したばかりです。

しかし、前述の報道は誤りではありません。兄弟姉妹のいる児童数が総児童数に占める割合は70％以上になりうるからです。

このことは具体的な数値を使って、シミュレーション(試行錯誤)することで確認出来ます。例えば、総世帯数を100と仮定して、世帯の区分ごとに児童数を計算してみるとよいです。全体を100とするアプローチは他章の例題にも使われているアプローチです(地球温暖化やプログラミング教育などの章を参照)。

日本の総世帯数を100とすると、図6−1より、児童数が1人の世帯数は10・1、2人の世帯数は8・7、3人以上の世帯数は2・8となります。

児童数が1人の世帯が10・1あれば、一人っ子は約10人います。同様に、児童数が2人の世帯は8・7あるので、児童の数は約17人（＝2×8.7）。計算を簡単にするため、3人以上の世帯数を3としましょう。それぞれの世帯で児童数が3人、4人、12人だったとすると、児童数の合計は19人（＝3＋4＋12）になります。

この時、すべての児童数は46人（＝10＋17＋19）。このうち、兄弟姉妹のいる児童数は36人（＝17＋19）です。したがって、兄弟姉妹のいる児童数が総児童数に占める割合は78％（＝36÷46）となり、70％を超えます。

なお、世帯数が8・7や児童数が17・4人のように小数点を含むことが気になった方がいるかもしれません。本来、世帯数や児童数は整数です。

ただ、これは計算の便宜上のことであり、問題ありません。総世帯数を1000にすれば、世帯数は87、児童数は174人のように小数点でなくなるので、議論の本質に関係ないからです。

表6－1は前述の説明に現れた数値をまとめたものです。

表6－1が示すように、児童のいる世帯のうち児童数が1人である世帯の割合が47％と50％以下であっても、兄弟姉妹のいる児童数が総児童数に占める割合が70％以上になることも

あります。

この例題では自分なりに児童数を設定してシミュレートすることが肝です。世帯の児童数が1人または2人の場合にはそのままですが、3人以上の場合には適当な数を想定して計算してみるしかありません。

表6-1　数と割合の違い

児童数	100世帯のうち	児童数合計
1人	10.1世帯	10人
2人	8.7世帯	17人
3人以上	2.8世帯→3世帯とする	
3人	1世帯	3人
4人	1世帯	4人
12人	1世帯	12人
合計		46人

前述の説明では、3人の場合が1世帯、4人の場合が1世帯、12人の場合が1世帯である場合を考えていますが、どのような児童数を想定しても構いません。とりあえず12人としたのは、大きかったり小さかったりと極端な値を試すと分かりやすい結果が出るからです。

ちなみに、児童数が3人の場合が3世帯としても結論は変わりません。その場合、この区分の児童数は9人、総児童数は36人(＝10＋17＋9)となるので、兄弟姉妹のいる児童数が総児童数に占める割合は72%(＝26÷36)です。やはり70%を超える割合となります。

この例題は情報社会を生きる私たちへのちょっとした警告になっています。少子化が懸念される中、もし兄弟姉妹のいる児童数が総児童数に占める割合は78％と聞けば、その割合の高さに驚かれるでしょう。

それがメディアで報道される時には、さらに「兄弟のいる子どもの割合は78％」という具合に簡略化されます。紙面のスペース、ウェブのレイアウトや放送時間などの制約があるためでしょうが、ぱっと見たり聞いたりしただけでは正しい内容が伝わりにくいです。

何か変だなと違和感を覚えるデータに出会った時には、何を基準に計算された数字かを確認してみましょう。自分が思っているデータとは違うものである可能性が高いです。

兄弟のいる子どもの割合はどのくらいかと聞かれた場合、同級生の○○さんちは2人兄弟とかいった具合に、身近な情報に基づいてその割合を推測するはずです。また、おそらく兄と弟を分けて2回分数えることはしないです。無意識のうちに、人数ではなく、ある意味世帯を基準に考えていると言ってよいでしょう。

もし、兄弟のいる子どもの割合が思っていたよりも高いと感じたとすれば、勝手に世帯を基準とした割合を想起していたからかもしれません。しかし、(兄弟姉妹のいる児童数÷総児童数)により計算される割合の基準は、総児童数であり、世帯数ではありません。

世帯を基準にすると、兄弟姉妹のいる子どもの割合は私たちの実感に近くなります。但し、児童のいる世帯を基準にするか、すべての世帯を基準とするかによって、割合を計算する分母が違ってきます。

図6-1の2019年の数値によると、児童がいる世帯のうち児童数が2人以上の世帯の割合は、53%（＝(8.7＋2.8)÷21.7）です。児童がいる世帯を基準としているので、小学生や中学生にとって、自分の同級生のうち兄弟姉妹がいるといったくらいのイメージでしょうか。すべての世帯のうち児童数が2人以上の世帯の割合は、11・5%（＝8.7＋2.8）と更に低くなります。すべての世帯を基準としているので、同僚の子どもを想定したくらいのイメージでしょう。子どもがいない場合もあれば、兄弟姉妹のいる子どもの場合もあります。

いずれにしても、総児童数を基準とするより実感に近い数字になります。

それ以外にも、違和感を覚えたところがあったかもしれません。一人っ子の割合が50%弱なのに、兄弟のいる子どもの割合が70%以上になることです。両者を足すと100%を超えてしまいます。

しかし、すでに見た通り両者は矛盾しません。勘のよい方は違和感の理由にお気づきでしょうが、そうでない方はもう一度丁寧に例題の説明を読んで、それぞれの割合の違いに注意してください。

　児童のいる世帯のうち児童数が１人である世帯の割合が47％である時、兄弟姉妹のいる児童数が総児童数に占める割合は70％以上になりうるとなっていたはずです。児童のいる世帯と総児童数という異なる基準が使われているので、２つの数字を足すことは適切でありません。

　世帯数と**児童数**という異なる基準を使って計算した数字を同列に扱うから違和感を覚えてしまいます。異なる基準による数字を比べたり足したりしてはダメなのです。

◉意外に多い独居老人数

　前節は少子化に関する例題でしたが、少子高齢化というように、少子化とセットで扱われることが多い高齢化に関しても似たような議論が出来ます。

　図６‐２を見てみましょう。１９８６年から２０１９年までの日本において、65歳以上の人がいる世帯の世帯構造の推移を示したものです。直近（２０１９年）の３年を除いて３年おきのデータとなっています。

　図６‐２によると、調査開始当初の１９８６年には三世代世帯の割合が44・８％と半分近い

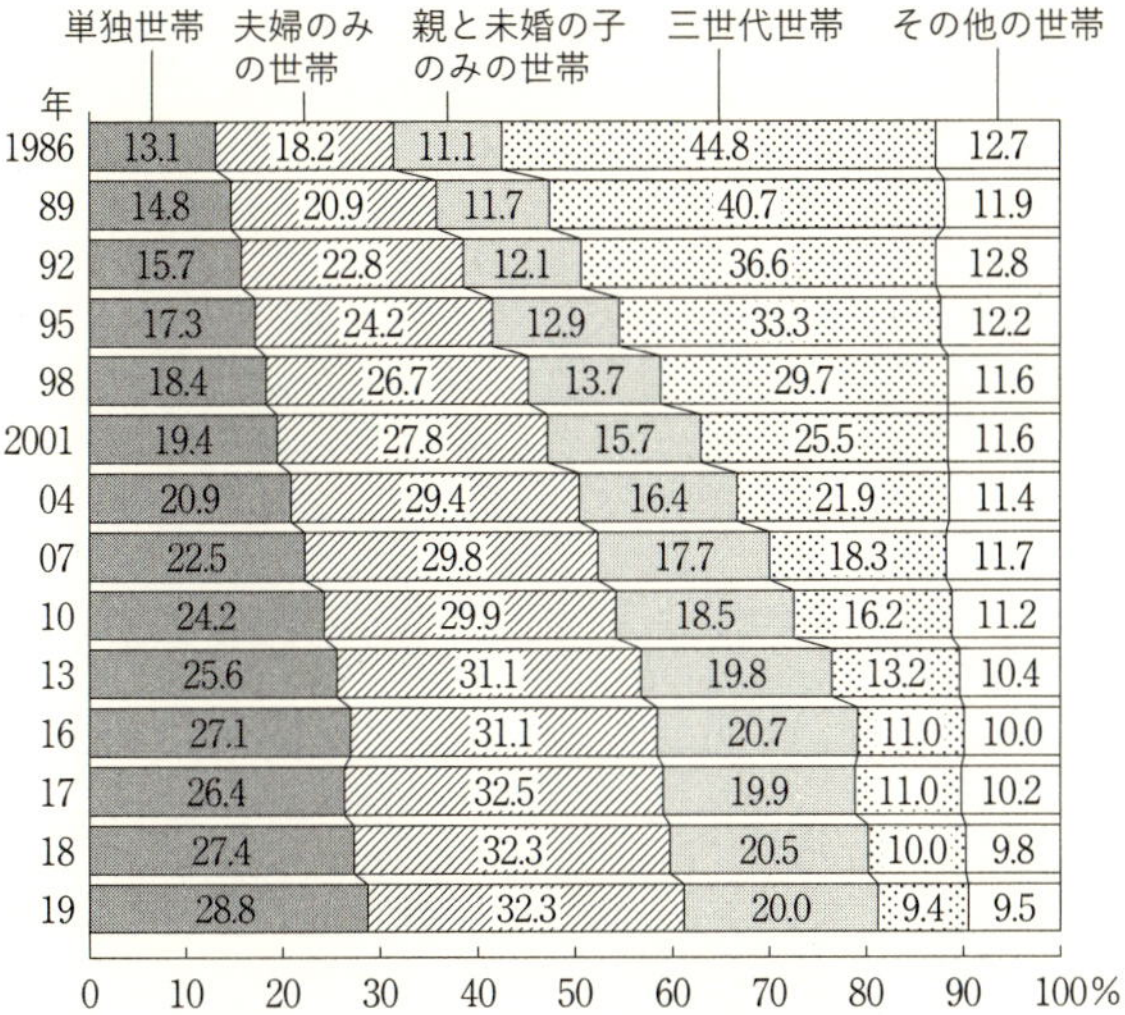

出典：厚生労働省　2019 年　国民生活基礎調査の概況

図 6-2　高齢者のいる世帯の構造の変化

です。しかし、2019年にはその割合は9・4%にまで低下して、5つの世帯区分のうち最も低い割合となっています。

一方で、単独世帯と夫婦のみの世帯を合わせた割合は増え続け、2019年にはその割合は60%をわずかに超えています。1986年には30%程度であったことを考えると、倍近くに増えたことになります。

まとめると、この30年ちょっとの間に、子どもや孫と同居する世帯が減り、1人もしくは夫婦2人の世帯が増えたことが分かります。

ここで、図6-2の情報を使って、少し頭の体操をしてみましょう。

例えば、2019年において単独世帯である高齢者(65歳以上の者)の数は、同じ年度に夫婦のみの世帯に属する高齢者の数の90%程度である、と言ってよいでしょうか。

図6-2より、単独世帯の割合は28・8%、夫婦のみの世帯の割合は32・3%なので、28.8÷32.3＝0.89より90%という理屈です。

言うまでもなく、この理屈は誤りです。違う概念を混同しています。知りたいのは、世帯数の比率ではなく、人数の比率です。

ここまでは大丈夫でしょう。

では、質問を変えて、2019年において単独世帯である高齢者の数は、同じ年度に夫婦のみの世帯に属する高齢者の数の95%という状況はありうるでしょうか。

すぐには分からないですが、やはり答えは否です。少し試行錯誤すると確認出来るので、前節のように数値をシミュレートしてみましょう。

まず、総世帯数を1000とします。この時、単独世帯の割合は28・8%、夫婦のみの世帯の割合は32・3%より、単独世帯の数は288、夫婦のみの世帯の数は323となります。

次に、単独世帯には1人しかいないので、高齢者の数は288人です。

一方、夫婦のみの世帯では場合分けが必要となります。①すべての世帯において夫婦どちらかのみが高齢者であれば323人、②すべての世帯において夫婦両方が高齢者であれば646人です。それ以外は、③夫婦のうちどちらかのみが高齢者であったり、夫婦両方が高齢者であったりする場合です。この場合、高齢者の数は324人から645人の間になります。

したがって、単独世帯である高齢者の数は、夫婦のみの世帯に属する高齢者の数の45%（＝288÷646）から89%（＝288÷323）の間の割合になります。95%となることはありません。

それにしても、1人で暮らす高齢者の数が、夫婦で暮らす高齢者の数とあまり変わらないくらい（89%）いる可能性があるのは驚きです。

2019年のデータでは、単独世帯の割合は3割程度で、夫婦のみの世帯の割合と同じくらいだからです。夫婦は2人なので、1人で暮らしている数は半分前後だろうと思った方もいたはずです。

確かに、下限の45%のように半分程度かもしれませんが、図6-2のデータの情報だけで言えば、上限である89%までの可能性もあります。

では、もう一つ質問です。次のような解釈の是非を考えてみましょう。

図6-2より、2019年における親と未婚の子のみの世帯の割合は20・0%、1986年における親と未婚の子のみの世帯の割合は11・1%。これより、親と未婚の子のみの世帯数は、33年間に1・8倍(≒20%÷11.1%)になった、という解釈です。

なお、解答に当たっては両年度の総世帯数は異なると仮定しましょう。

この例題では、先ほどのように世帯数と人数の違いを心配しなくてよいです。世帯のみに関する話なので、図6-2の数字をそのまま使いたいところですが、そう考えるのは誤りです。

1986年の総世帯数と2019年の総世帯数が同じでない限り、前述のような計算は正しくありません。

例えば、1986年の総世帯数を2000、2019年の総世帯数を1000としてみましょう。すると、1986年における親と未婚の子のみの世帯の数は222、2019年における親と未婚の子のみの世帯の数は200となり、1・8倍どころかほぼ同数となります。

逆に、1986年の総世帯数が1000、2019年の総世帯数が900といったようにほとんど同数であれば、1986年における親と未婚の子のみの世帯の数は111、2019年のそれは180となり、1・8に近い1・6倍になります。

２０１９年における親と未婚の子のみの世帯数は、１９８６年における親と未婚の子のみの世帯数の何倍になるかは、総世帯数の情報を含まない図６-２だけからでは分かりません。各年度の総世帯数によって、両者の関係性は全く違ったものになるからです。必要な情報がないと、正確な結論を導けないこともあるわけです。

◉出生率を上げれば子どもの数が増えるのか

少子化を議論する時には、出生率の低下が注目されることが多いです。よく耳にするのは、「昔ほど出産しなくなったので子どもが減った。子どもを増やすには出生率を増やせばよい」といった類の見解です。

そこで、本節では、データから世界の国の出生率の推移を把握することから始め、出生率と出生数の関係に関する例題を見てみましょう。

図６-３は、内閣府の「少子化社会対策白書」を参照し、アメリカ、イタリア、スウェーデン、日本、フランスの５か国における年齢別出生率の推移を示したものです。横軸は女性の年齢、縦軸は出生率です。

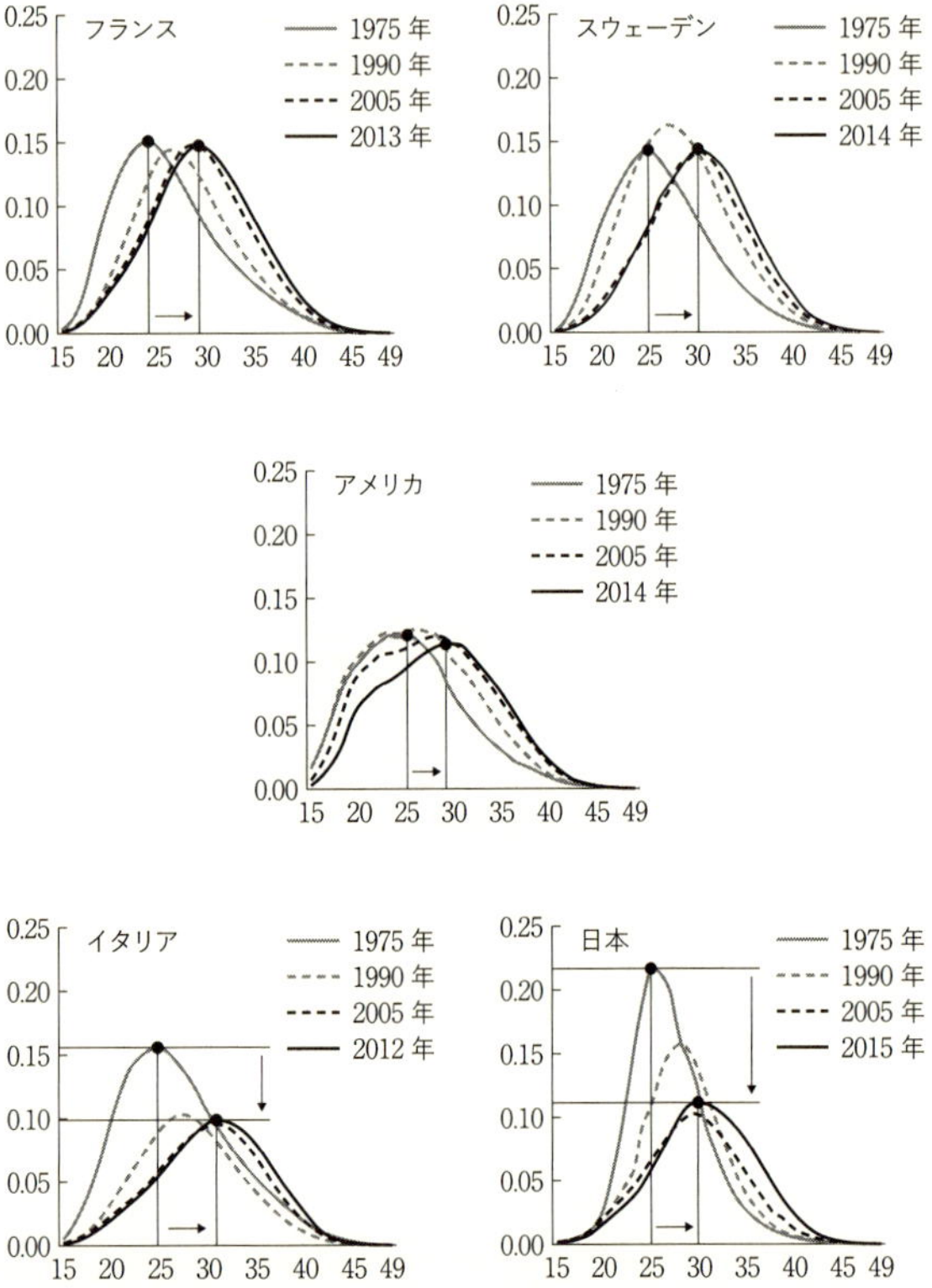

出典：内閣府　少子化社会対策白書平成 30 年版　平成 29 年度少子化の状況及び少子化への対処施策の概況　第 1 部　少子化対策の現状　第 1 章　少子化をめぐる現状

図 6-3　世界 5 か国の年齢別出生率の推移

1975年から2010年代までの40年弱の間に5か国の出生率はどのように変化したのでしょうか。その変化の特徴に基づいて5か国を2つのグループに分けてみましょう。

図から特徴を読み取るセンスが試されますが、すでに手がかりが与えられています。年齢別出生率がピークとなる●印やそのピークが1975年から2010年代にかけてどう変化したかを示す矢印がヒントです。

なお、ピークとはグラフが山形の頂点となっているところを指しています。縦軸は出生率なので、ピークに対応する年齢において出生率が一番高くなります。

●印や矢印を参考にすると、時間が経過してもピーク時の出生率があまり変わらない国々であるアメリカ、スウェーデン、フランス(グループA)と大きく低下する国々であるイタリアや日本(グループB)に分けられそうです。

アメリカでも出生率がピークである年齢に対応する●印が若干低下していますが、イタリアや日本ほど顕著ではありません。白書ではアメリカの●印には変化を示す矢印がないので、グループAに分類しておきましょう。

では、それぞれのグループにおける年齢別出生率はどのように変化したのでしょうか。その特徴をもう少し詳しく見てみます。

グループAの特徴は2点あります。1975年から2010年代にかけて、⑴出生率がピークを迎える年齢が上がったこと、⑵ピーク時の出生率はあまり変わらないことです。●印で示された出生率がピークを迎える年齢が、1975年には25歳頃だったのが、2010年代には30歳頃に移行しています。

また、1975年に出生率がピークであった25歳を基点にすると、それ以降の年度では、25歳以下の出生率が低下する一方、30歳以降の出生率は上昇しています。若い世代から年齢の高い世代へ移行しているわけです。

こうした変化は、25歳以下の年齢では2000年代のグラフが1975年のグラフよりも下にありますが、30歳以降ではその位置関係が逆になっていることから分かります。

ただ、ピーク時の出生率自体に大きな変化はありません。●印がほぼ横に移動して、出生率を示す縦軸の長さが変わらないことから明白でしょう。1975年には25歳頃で出産していたのが、2000年代では30歳頃に出産を先送りしている可能性があります。

次に、グループBの特徴ですが、これも2点あります。1975年と2010年代にかけて、⑴出生率がピークを迎える年齢が上がったこと、⑵ピーク時の出生率が大きく低下していることです。

1975年には出生率のピークが25歳頃だったのが、2010年代に30歳頃に移行したのはグループAと同じです。

グループBがグループAと違うのは、1975年に比べて、2010年代におけるピーク時の出生率が大幅に低下したことです。図からは正確な数値は分からないですが、イタリアでは大体0・16から0・10へ、日本では0・22から0・12くらいへと下がっています。

その低下率は、概算でイタリアでは37・5%（＝(0.16－0.10)÷0.16×100)、日本では45%（＝(0.22－0.12)÷0.22×100)と見積もられます。いずれの国でも40%前後であり、急激に低下しているのが分かります。

こうした出生率の低下は少子化を加速すると懸念されています。子どもの数が減ってしまうわけです。広辞苑を見ても、少子化とは「出生率が低下し、子供の数が減少し続けること」とされています。

では、出生率が低下すると、子どもの数は必ず減るのでしょうか。

次の例題を考えてみましょう。

女性の年齢区分を年少世代と年長世代の2世代に分類し、時間の推移も年度1と2という2期間しかない単純な状況を想定します。分かりやすいように、15歳から30歳までが年少世代、31歳から49歳までを年長世代とイメージしてもよいです。

いずれの年度でも、年少世代の出生率は年長世代のそれよりも高いです。そして、時間とともに両世代の出生率が低下します。例えば、年少世代の出生率が0・13から0・10へ、年長世代の出生率も0・10から0・09に下がったとします。

この時、年度2の出生数は年度1の出生数に比べて必ず減少すると言えるでしょうか。答えから先に述べると、必ず減少するとは言えません。適当な状況を想定して数値をシミュレートすると、出生率が低下しても出生数が増加する場合を示せます。If(もし〜ならば)、then(結果は〜だ)という論理的な思考が試されるわけです。

注意深く精査すると、この例題では女性の数についての記述がありません。そこで、仮に年度1における年少世代の人数が1500人、年長世代の人数が300人とすると、年度1の出生数は225(=1500×0.13+300×0.10=195+30)になります。

もし年度2における年少世代の人数が1400人、年長世代の人数が1000人ならば、年度2の出生数は230(=1400×0.10+1000×0.09=140+90)です。

このように各世代の女性の数によって出生数は変わるので、出生率が低下しても出生数が増えることもあり得ます。出生率の低下は出生数の減少と同じではないことになります。

ただ、この筋書きがそのまま日本に適用出来るとは限りません。お気づきになった方もいるかもしれませんが、ここでの数値には工夫が凝らされています。

1つは女性の高齢化が進んでいること。年度1から2にかけて、年長世代の割合が17%（＝300÷（1500＋300））から42%（＝1000÷（1400＋1000））に増えています。ここまではよいでしょう。

もう1つは女性の総人口が1800人から2400人に増えていること。実は、これが出生率は減っても出生数が増えるカラクリです。子どもを産む女性の数が増えれば出生数も増えます。

ただ、普通に考えるとこの数値は辻褄が合いません。年長世代の人数が300人から1000人になったということは、300－（年度2に50歳になる人数）＋（年度2に31歳になる人数）＝1000ということです。誰も50歳にならなかったとしても、700人が年少世代から減ることになります。

一方、年度2の年少世代の人数は1400人なので、1500－700＋（年度2に15歳になる人数）とすると、600人も15歳にならないといけません。子どもの数が少ないと仮定すると600人は明らかに多すぎます。

では、単なる出まかせかというとそうでもありません。年度2の年少世代の人数が140 0人になる場合があります。外国からの移民はその一例です。現実的ではないかもしれませんが、もし出生率の低下に歯止めがかからないのであれば、女性の数を増やして出生数を上げることも選択肢の1つだとシミュレーションは教えてくれるのです。

ちなみに、厚生労働省2022年の人口動態統計によると、日本の合計特殊出生率は1・26。国立社会保障・人口問題研究所が示す人口の維持に必要な人口置換水準2・06〜2・07(人口統計資料集2023年改訂版)よりもかなり低いです。1975年以降、日本の合計特殊出生率は2を下回る状況がずっと続いています。

7章　移民・難民

ここ数年メディアを賑わしたトピックに**移民排斥運動**があります。

アメリカでは２０１９年にトランプ前大統領が不法移民対策の一環としてメキシコ国境に壁を建設すると国家非常事態宣言を発令したり、イギリスのＥＵ（欧州連合）からの離脱の要因としてＥＵ諸国から流入する移民の問題が争点になったりしました。

アメリカの国家非常事態宣言に関しては２０２１年にバイデン政権下で宣言は撤回されましたが、イギリスについては移行期間を経て２０２０年にＥＵから離脱しました。

移民というと日本にあまり関係ないと思う方もいるようですが、**外国人の受け入れ**は日本でも重要な政策課題として議論されています。ここで移民ではなく外国人と表記したのは、日本政府が移民政策をとらないとしているからです。

政府の情報発信においても、「外国人との共生社会」実現検討会議（内閣官房）や外国人材の受入れ・共生のための総合的対応策（法務省）、外国人雇用対策の在り方に関する検討会（厚生労働省）のように外国人という用語が使われています。

不足する労働力の確保や経済成長の起爆剤として、外国人の活躍を期待する意見があり、2010年代は外国人労働者を日本に受け入れるための法整備が進んだ期間です。

2012年に高度人材ポイント制度を導入したり、2015年には高度専門職という在留資格を作ったりして、技能を持つ外国人の受け入れに努めています。

2019年には特定技能という在留資格を作って、介護や建設、農業・漁業など人手不足の産業で働く労働者を受け入れています。

それ以外にも、国際貢献としての受け入れもあります。2021年に国軍によるクーデターが発生したミャンマーからの難民や2022年にロシアが侵攻したウクライナからの避難民を日本に受け入れたことは記憶に新しいところです。

これらのニュースとも相まって、近年在日外国人への関心の高まりを感じます。移民は筆者の研究テーマの1つですが、拙著『移民の経済学　経済成長から治安まで、日本は変わるか』が20近い大学の入試問題に採用されたことからも、その関心の高さがうかがえます。

そこで、移民をめぐる代表的な論点のうち、治安について考えます。早計なデータ解釈（ファスト解釈）による思い込みは誤った結論を導く危険があります。因果関係と相関関係の違いに関する例題を通じて、そうした危険を回避する思考が出来るかを試してみましょう。

◉移民が増えると治安が悪化!?

移民の受け入れに反対する1つの理由として治安の悪化を懸念する声があります。ピュー・リサーチ・センターの調査（2019年）によると、日本では、（他の人たちよりも）移民が犯罪の原因だと見なす回答者が40％いました。その割合は、アメリカでは19％、イギリスでは22％なので、日本の割合はかなり高いです。

では、移民が増えると犯罪が増えるという根拠は本当にあるのでしょうか。次の例題を考えてみましょう。

図7-1は、移民が人口に占める割合と地域の犯罪率の関係を描いた架空のデータです。横軸は各地域の人口に占める移民の割合（％）、縦軸は各地域の人口10万人当たりの犯罪件数です。

人口10万人当たりの犯罪件数は、犯罪の起こりやすさを示すためによく使われる指標です。

世界保健機関（WHO）も人口10万人当たりの殺人件数という指標を公表しています。

図中の点線は、人口に占める移民割合と犯罪件数の関係性を直線で近似した傾向線です。傾向線が右上がりであることから、人口に占める移民割合が増えるほど、犯罪件数が増えるという関係にあります。

移民と犯罪というセンシティブな関係を扱っているので架空のデータを使用しましたが、実際のデータでも同様な関係が見られることがあります。

この図だけを見ていると、移民の増加が犯罪の原因のような印象を受けます。移民割合が高いほど犯罪件数も多くなっています。

このため、地域の犯罪件数を低下させたいのであれば、移民を減らして移民が地域人口に占める割合を低下させればよい、と主張されたとします。

図7-1の情報だけから、そうした主張を正当化出来るでしょうか。その是非について考えてください。

なお、各地域における移民が人口に占める割合の増減は、移民数の変化のみによっておこるものとしましょう。移民でない住民の数は一定と仮定して、移民以外の住民数が増える（または減る）ことによって、人口に占める移民の割合が低下（または増加）する場合は考慮し

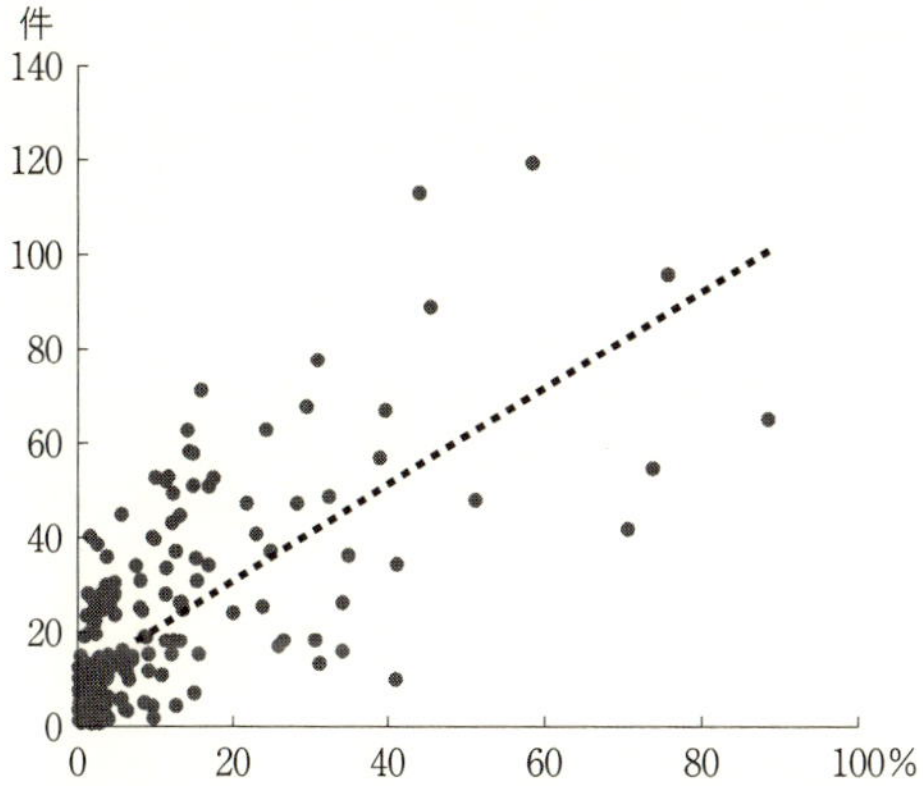

図 7-1　人口に占める移民割合と犯罪件数の関係

ません。少しくらい移民が増えたからといって、その地域の住民が引っ越さないという想定です。

◉相関関係と因果関係の違い

これは相関関係と因果関係の違いを試す例題です。例題の解答を解説する前に、それぞれの用語について説明しましょう。用語の理解が解答のヒントになります。

まず、相関関係とは、一方が増加した時に、他方も増加したり減少したりというような変化の関係です。一方が減少した時に、他方も増加したり減少したりと言い換えても構いません。要はお互いの間に関係があればよいです。

ちなみに、一方が増加すれば他方も増加する時には、正の相関があるといいます。同じことですが、一方が減少すれば他方も減少する時も正の相関があります。

正の相関がある時には右上がりの傾向線が描かれます。図7-1の人口に占める移民割合と犯罪件数の間には正の相関があるわけです。

正の相関があるならば、負の相関というものもあります。一方が増加した時に他方が減少したり、一方が減少した時に他方が増加したりするのは負の相関です。負の相関がある時には右下がりの傾向線が描かれます。

これに対し、因果関係とは、一方が原因となり他方が変化する関係です。例えば、移民が増えると犯罪が増えるといったように、犯罪という結果を引き起こした原因が移民の増加である場合には、因果関係があるといいます。

因果関係と相関関係は似ていると思われた方もいるでしょう。しかし、この両者は同じではありません。ポイントは、相関関係があっても因果関係があるとまでは言えないことです。

いまひとつピンとこないという方のために、もっと身近な例を使って両者の違いを説明しましょう。よく質問を受けるところなので、くどい位説明します。

例えば、雨の日が増えると傘がよく売れるという関係を考えましょう。A：雨が降る日数、B：売れた傘の数とすると、Aが増えている時にはBも増える傾向があり、AとBには相関関係があります。

この関係はBが増えている時にはAも増えると言い換えてもよいです。

ただ、Bが増えている時にはAも増えるという文章の意味を解釈する場合、多くの傘が売れたために雨の日が増えるようになった、とは考えづらいです。両者の間に原因(Bが増えれば)と結果(Aも増える)の関係はないことになります。

つまり、相関関係にはどちらが原因でどちらが結果という考え方がありません。お互いの変化の間に関係があるだけです。

これに対し、因果関係とは、A:雨が降る日数が増えたので、B:売れた傘の数が増えたというように、一方が原因となり他方が変化する関係です。原因(Aが増えれば)と結果(Bも増える)の関係である点が相関関係とは違っています。

こうして見ると、相関関係は因果関係を含む広い概念であることが分かります。雨が降る日が増えたために傘が多く売れるといった因果関係には、雨が降る日数の増加と売れた傘の数の増加という正の相関もあります。要は、因果関係があれば自動的に相関関係があります。但し、その逆は必ずしも正しくないわけです。

一般によく見られる誤解は、相関関係を因果関係と思ってしまうことです。例えば、図7

-1を見て、移民が増えるほど犯罪が増えるという関係を見つけると、犯罪の原因は移民だと思ってしまいます。

しかし、図が示す(移民割合が高いほど地域の犯罪が増える)ことは相関関係に過ぎません。両者には正の相関が認められますが、この図だけからでは因果関係までは分かりません。

例えば、収入の低い移民は家賃が安い地域に密集します。もし治安が良くないので低い家賃設定になっているとすれば、犯罪の多い地域に移民が流入しているという因果関係が成立します。移民が増えたせいで犯罪が増えたという主張は逆の因果関係です。

犯罪の多い地域に移民が住む傾向があれば、地域の移民を減らしても犯罪は減りません。もともと犯罪が多い地域だからです。

こうした可能性は捨てきれません。現実に収入の低い移民は多くいますし、家賃が安い地域では治安が良くないこともあります。

また、働き口のある所に移民は集まります。通常、地方よりも都市の方が就業機会に恵まれています。このため、仕事を求める移民は都市に集まりがちです。もちろん、都市に集まるのは移民だけではありません。

ここで、人の増加とともに犯罪が加速度的に増えるとしましょう。例えば、人が2倍になったら犯罪も2倍に増えるのではなく、犯罪は3倍に増えます。その結果、地方よりも人がたくさんいる都市では犯罪が多くなります。

もし、地方より都市での犯罪の方が格段に多ければ、移民と犯罪の間に関係が見られても、それは必ずしも因果関係を示すものではありません。就業機会が原因で、高い移民割合と多い犯罪件数は両方とも結果だからです。

このように、移民と犯罪という2要素ばかりに注目すると見えないものがあります。安価な家賃や就業機会といった別の要素が犯罪と関係しているかもしれません。その場合、これらを考慮しないと誤った結論を下してしまいます。

1つだけ注意しておくと、図7-1に見られた相関関係は、人口に占める移民割合が増えたので犯罪件数が増えたという因果関係を否定するものではありません。あくまでこの図だけからは何とも言えないだけで、その可能性はあります。

図7-1を見て、人口に占める移民割合が増えると犯罪件数が増えるかもしれないと思うこと自体はおかしくありません。この「かもしれない」の段階を仮説と言います。

現実の世界では、犯罪に影響を及ぼす可能性があるのは移民だけではありません。他の要素も考慮しなければいけません。そのため、いろいろなデータを集めて、仮説を検証する作業が必要になります。

その作業がデータ分析であり、回帰分析などはその典型的な手法です。いろいろな要素を考慮した分析が行われて、はじめてこの「かもしれない」の部分を削除出来るようになります。

相関関係を示した図だけから、安直に因果関係が導けるわけではありません。縦軸と横軸で示された2要素しか考慮していない2次元の図は、あくまでアイデアを得るための出発点にすぎません。

では、きちんと分析をした結果はどのようなものでしょう。

移民と犯罪に関する学術研究では、移民は犯罪を増やさないという見解が優勢です。こうした研究は、就業機会や家賃が居住地選択に与える影響を考慮したうえで、移民が犯罪を助長するかどうかを検証しています。

◉利用可能性ヒューリスティック

学術研究では移民が犯罪を増やすという根拠はないとする一方、アンケート調査では移民が犯罪を増やすと不安を覚える人がかなりいます。移民は犯罪を起こしやすいと思われており、研究結果とはギャップがあります。

では、移民は犯罪を起こしやすいというイメージはどこから来るのでしょうか。1つの説明として**利用可能性ヒューリスティック**があります。

行動経済学や心理学で学習する利用可能性ヒューリスティックとは、印象の残っていること(記憶の中の利用可能性)に基づいて物事を決めるという思考方法のことです。

ヒューリスティックとは、あまり深く考えず、直観的もしくは反射的に判断することで、私たちは思い出しやすい事柄ほど大事だと考える傾向があります。

例えば、メディアが報じる外国人による残忍な犯行などはこうした傾向を生みやすいです。センセーショナルな事件ほど印象に強く残るため、外国人と犯罪という問題を考える時にパッと頭に浮かぶからです。

記憶の中から利用しやすい事柄の影響を受けやすい、つまり、偏った事例に基づいた判断であるため、**利用可能性バイアス**と呼ばれることもあります。

移民は犯罪を起こしやすいというイメージに関して、行動経済学からの知見は他にもあります。

私たちは、何度も見聞きしたことは真実だと思いやすいです。慣れ親しむことの重要性は広告の効果を見れば分かるでしょう。テレビでは同じＣＭを繰り返し放送して刷り込みをします。

もし、移民による犯罪が報道される度に、移民の考え方や行動様式は私たちとは違うと指摘したり、移民の犯罪を懸念するコメントが繰り返されたりすると、異質な移民は犯罪の温床という考えが定着していきます。

こうした行動経済学や心理学の知識があると、なんとなくイメージで判断するのではなく、きちんとデータに基づいて判断しようと思うでしょう。

◉ファスト解釈と疑似相関

忙しい毎日を送る私たち。ともするとファストフードのように何でも手早く済ませる風潮があります。

しかし、前述の例題を考えることで、データをファスト解釈すると結論を誤る危険があることが分かっていただけたのではないでしょうか。ちなみに、ファスト解釈というのは早計な判断を意味する筆者の造語です。

メディア報道の中には、相関関係を示す図を示して、あたかも因果関係があるように示唆するものがあります。分かりやすく伝えるための方便だと受け手が認識していればよいですが、そうでないと勘違いすることがあります。

相関関係を示す図からの含意はあくまで仮説にすぎず、因果関係がある証拠(エビデンス)にはなりません。大学で教えていると、多くの学生がその辺を混同しているのに気付きます。単なる仮説だと理解するためには、ある程度の思考訓練が必要のようです。

そこで、疑似相関について少しお話ししましょう。疑似相関は見せかけの相関と呼ばれたりもします。楽しみながら頭の体操をするにはもってこいのトピックです。

例えば、マーガリンの消費が増えると離婚が増えると言ったら信じるでしょうか。タイラー・ビゲン(Tyler Vigen)による疑似相関(spurious correlations)というウェブサイトでは、2000年から2009年までの離婚率と1人当たりのマーガリンの消費量が図示されているのですが、両者は驚くほど似た推移となっています。その相関は0・99です。

2つが全く無関係なら相関は0、完全に同じ動きをするなら相関は1なので、0・99といえばほとんど同一の動きです。もちろん両者に因果関係はありません。マーガリンの消費量が増えても離婚する人が増えるという根拠はないです。

それ以外にも、奇妙な相関関係が認められる図を列挙しています。

例えば、ある有名俳優が出演する映画数とプールに落ちておぼれる人の数(相関は0・67)とか、モッツァレラチーズの消費量と土木工学の博士号授与数(相関は0・96)などです。興味のある方は、ウェブサイトを参照してください(https://www.tylervigen.com/spurious-correlations)。Spurious Correlationsという書籍としても発売されています。

これらはジョークとして提供されているのですが、その本質は移民と犯罪の関係を扱った例題と同じです。図から分かるのは、あくまで相関関係であって因果関係ではありません。にもかかわらず、早計に因果関係だと思い込んで政策形成に反映したりすると、とんちんかんな政策が出来上がります。

例えば、国土の開発のために土木工学の専門家育成が急務である時、モッツァレラチーズの消費量と土木工学の博士号授与数に強い相関が見られるからと言って、モッツァレラチーズの生産に補助金を出してその消費を促しても、土木工学の専門家は増えないでしょう。同様に、マーガリンの消費量と離婚率に強い相関があるからと言って、マーガリンの消費を抑制するような課税をしても、離婚率を低下させる効果は期待出来ません。

もちろん「風が吹けば桶屋が儲かる」ということわざがあるので、一見関係がなさそうだからと言って絶対とは言い切れませんが、前述の奇妙な相関関係には因果関係がないと考えるのが自然でしょう。

では、移民割合と犯罪件数の間に正の相関がある場合はどうでしょう。前述の奇妙な事例ほど明白ではないので、相関関係と因果関係の区別があいまいになります。勝手に因果関係を想像して、移民が犯罪の原因だという主張を信じる方もいるかもしれません。

信じる分には構いませんが、その結果、海外で見られるような過激なヘイトクライムを引き起こして社会が大混乱するのであれば見過ごせません。データを誤って解釈すると、いろいろな問題を引き起こしてしまいます。

結局、誤ったデータ解釈は、まったく見当違いの政策を行って税金を無駄にしたり、根拠のない対立をあおって混乱を招いたりします。データを正しく解釈出来れば防げる問題です。社会の方向性を決めるようなデータ情報に関してはファスト解釈しないように注意を払った方が良いでしょう。

特に、移民受け入れのように賛否両論のある論点では、慎重にデータ解釈する必要があります。治安の悪化のように暗いトピックだけでなく、経済成長と言った明るいトピックでもその趣旨は変わりません。

移民の受け入れを支持する1つの理由として、移民を受け入れれば経済が成長すると主張されることがあります。移民が人口に占める割合が増えるほど1人当たりGDPの水準が高くなる傾向があるからです。

実際、両者の関係を図に描くと図7-1と似たものになります。正の相関が見られるわけです。

しかし、それだけでは因果関係までは分かりません。

例えば、1人当たりGDPの高い国では賃金も高いでしょう。移民の主な渡航目的が収入であれば、移民が流入したから1人当たりGDPが上昇するのではなく、1人当たりGDPの高い国に移民が流入するという逆の因果関係が成立しているかもしれません。

どちらが正しいかを精査せずに、とりあえず移民の受け入れに補助金や助成金を支給した結果、歳出が増えただけで経済が思ったほど成長しないなんてこともありうるわけです。

政策に限らず、エビデンスに基づいた○○が流行っていますが、いくらデータを示しても適切に利用されなければ意味がありません。中にはミスリードするような場合があります。

自ら考えてデータを利用する機会がますます増えるこれからの社会。方向を誤らないためには、適切なデータ解釈がいかに重要かをご理解いただけたでしょうか。

8章　民主主義

民主主義の不人気が注目されています。世界における民主主義国家の数は2005年をピークに減少する一方、専制主義国家は、同年から2021年にかけて増加しています（東京新聞2022年6月15日）。新興国が民主主義から離反し、民主主義国の人口は世界で見ると3割に満たないという記事もあります（日本経済新聞2022年10月1日）。

そもそもの話ですが、民主主義とは、「人民が権力を所有し（その権力を）行使する政治」形態です（東京都教育委員会　民主主義の正当性とは何か　平成28年3月より引用、（　）内の文言は筆者が追加）。

一方、**専制主義**とは「強大な政治権力を持つ支配者によって、独断的に行われる政治」形態（教育出版「中学社会　公民」）で、民主主義と対立する概念とされます。

前述の民主主義国家数の減少と専制主義国家数の増加などは、民主主義への失望として解釈されることがあります。

こうした中、アメリカのバイデン大統領は、中国やロシアが代表する専制主義へ対抗する「民主主義国家と専制主義国家の有用性をめぐる闘い」を表明しています(毎日新聞「民主主義国家と専制主義国家の闘い」バイデン大統領の〝新冷戦〟2021年4月12日)。

厳密に言うと中国やロシアは専制主義ではなく、似た概念である独裁主義でしょう。両者は混同しやすいです。

王族などの権力者が一方的に支配する専制主義に対し、「ある一個人、少数者、または一党派に絶対的な権力を持つことを、国民が認めた政治」形態が独裁主義です(教育出版「中学社会 公民」)。

例えば、選挙で国民が選んだ権力者(独裁者、一政党、軍部など)による統治は独裁主義で、「形式上は民主政治に含まれるものと解釈されて」います(前掲書)。中国やロシアにも選挙はあります。

近年では、民主主義より独裁主義や専制主義の方が優れているのではないかという見解も見受けられます。多くの人に配慮して物事が決まらないより、トップダウンの方が迅速に対応出来て効率が良いと考えるのです。

民主主義＝多数決ではありませんが、多数決は民主主義の国家がよく採用している意思決定方法で、民主主義と同一視されることがあります。

どちらの主義が優れているかを別にしても、近年の民主主義国家による外交・政治運営がぱっとしないのは事実です。

2022年のロシアによるウクライナ侵攻に際しては、国際連合安全保障理事会（国連安保理）で、ロシアによるウクライナ4州の併合宣言を非難する決議案が否決されました。反対した唯一の国であるロシアの拒否権行使によるものです。

現在、国連安保理の常任理事国はアメリカ、イギリス、フランス、中国、ロシアの5か国。これらの国々は、議案への拒否権を持ち、1か国でも反対すれば議案は成立しません。

こうした国際問題だけでなく、国内問題においても民主主義への限界と失望が言われます。

アメリカでは2021年に大統領選挙の結果をめぐってトランプ前大統領の支持者らが連邦議会に乱入した事件がありました。フランスでは2023年の年金改革法案に対する抗議デモが記憶に新しいです。法案を強行採決したことには民主主義の否定といった非難を浴びました。

暴動こそありませんが日本国内に目を向けても同様です。耳あたりの良い大衆迎合的政策が歓迎されることが多いです。選挙では財源は大丈夫なのかと思わせるバラマキを公約する候補者が当選したりします。民主主義による決定が必ずしも正しいわけではなさそうです。問題は外交・政治運営だけに留まりません。民主主義国家による経済運営にも失望感が漂います。

代表的な民主主義国家である欧米や日本の経済成長の速度は伸び悩む一方で、世界のGDPランキングで第2位にまで成長した中国の経済は無視出来ない存在となっています。

このように、社会の在り方を議論するうえで、民主主義の有用性は注目を浴びる大きなテーマの1つです。

そこで、本章では、民主主義が優れているかどうかの議論に関して、イデオロギーに基づいた主観的な判断ではなく、経済水準や平均寿命といった客観的なデータに基づいて判断する考え方を見ていきましょう。

◉民主主義の推進で経済水準が向上？

図8-1は、日本を含む世界各国のデータを使って、1人当たりGDPと民主主義の指標

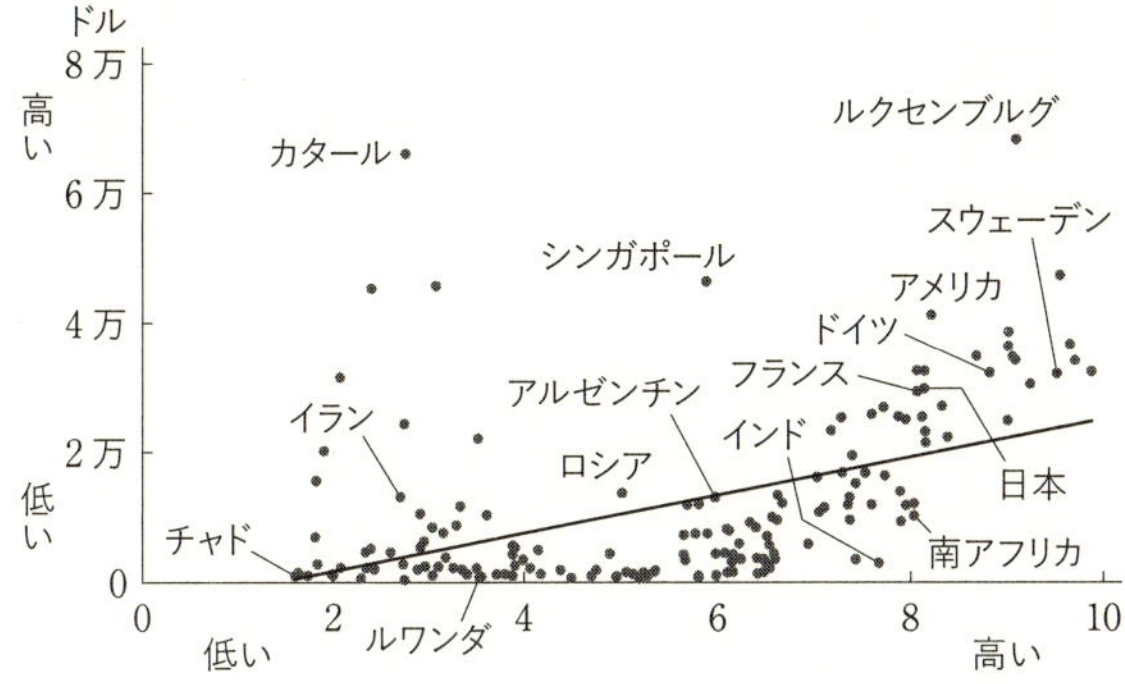

出典：SÖREN HOLMBERG and BO ROTHSTEIN, CORRELATES OF THE ECONOMIST'S INDEX OF DEMOCRACY, THE QUALITY OF GOVERNMENT INSTITUTE, Department of Political Science, University of Gothenburg, WORKING PAPER SERIES 2014: 19

図 8-1 1人当たりGDPと民主主義の指標の関係

の関係を描いたものです。図の横軸は民主主義の指標、縦軸は1人当たりGDPです。1人当たりGDPの単位はアメリカドル、民主主義の指標は0から10までの値をとり、10に近づくほど民主主義の程度が高くなっています。民主主義の程度が測れることに驚かれた方もいるかもしれません。

民主主義の指標は、市民的自由（言論や宗教の自由など）、民主政治文化（民主主義の原理を支持することへの同意）、選挙過程や多元的共存（公正な選挙や政治的自由）、政府機能（汚職の蔓延など）、政治参加（成人の識字率や女性議員数など）という5つのカテゴリーに基づいて算出されています。

図8-1を見ると、民主主義の指標が高

いほど、１人当たりＧＤＰも高い傾向があります。１人当たりＧＤＰと民主主義の指標の関係性を直線で近似した傾向線は右上がりに描かれており、その傾きは0より大きいです。両者の間には正の相関が認められます。

このため、民主主義が徹底されるほど国家の経済水準が向上すると考えても不思議ではありません。そして、１人当たりＧＤＰで見た経済水準を高めるためには民主主義を推進すべきだと主張されたとします。

こうした主張の是非を考えてください。図8-1だけに基づいてそうした主張を導けるでしょうか。

この質問に答えるには、正の相関に関する正しい理解が必要です。

2つの変数ｘとｙの関係性で、ｘが増えればｙも増える場合、ｘとｙの間には正の相関があるといいます。ｘやｙと言われるとびっくりする方もいるかも知れませんが、これらは数値で表されるどのようなものでも構いません。

例えば、ｘを民主主義の指標、ｙを1人当たりＧＤＰとして、ｘが1増えるごとに、ｙが3ずつ増えていくとします。この場合、ｘとｙの間には正の相関があります。

その関係性は $y = 3x + 4$ と言った具合に数式で表せます。+4の部分はどのような数でも構わないので、任意に4を選びました。

不安であれば、x＝0の時、y＝4になり、x＝1の時、y＝7になることから、xが1増えるごとにyが3ずつ増えていくことを確認出来ます。この関係性は+4を+8や+16にしても変わりません。

なお、傾きが0より大きい時には正の相関があります。xが増えればyも増えるからです。この数式の傾きは3＞0です。

こうした数式で表される関係性は、横軸をx、縦軸をyとして図に描かれることが多いです。図8-1では、xが民主主義の指標、yが1人当たりGDPに相当します。

すると、x＝1の時にy＝7になるといった具合に、xが原因（インプット）でyが結果（アウトプット）のように思われがちです。

しかし、この式は、x＝(1/3)(y－4)と書き換えられます。その場合、y＝7の時にx＝1となり、yが原因（インプット）でxが結果（アウトプット）であるかのように変わります。

このことから分かるように、相関関係ではxからyへまたはyからxへという両方向の解釈が可能であり、因果関係は意味しません。

図8-1で示されているのは、xが民主主義の指標、yが1人当たりGDPである場合の

相関関係にすぎません。

したがって、経済水準を高めるためには民主主義を推進すべきだとは、図8-1の情報だけからは言えません。なぜなら、両者に正の相関があっても、民主主義が経済水準を高めるという因果関係までは言えないからです。

経済水準への因果関係を調べるには、2次元の図を参照するだけでは不十分です。民主主義の指標以外にも1人当たりGDPに影響を与えるほかの要因を考慮した分析が必要です。

そこで、関心のある方のために、このトピックに関する学術研究について少し触れておきましょう。

◉経済学で考える民主主義

イデオロギーとしての民主主義を提唱する際に、経済成長というメリットを享受出来るという主張があります。独裁主義のような非民主主義を放棄して民主主義に転換すれば経済状況が改善しますという提案です。

なんとなくもっともらしい主張ですが、学術的には必ずしも支持されていません。政治経済学の分野では民主主義が経済成長に与える影響はせいぜい中立かむしろネガティブと考えられています。例えば、経済成長論の権威であるハーバード大学のロバート・バロー教授も民主主義は経済成長には重要ではないとしています。但しこれは１９９０年代の研究による知見です。

２０００年代になると状況が変わります。マサチューセッツ工科大学のアセモグル教授らが「民主主義と経済成長　新しい証拠」として、非民主主義から民主主義に転換することで、その後およそ30年にわたって１人当たりＧＤＰが約20％高くなることを示しました。

１９６０年から２０１０年までの１８４か国を対象にした研究結果です。特に、民主主義の要素のうち、市民的自由（思想、行動、言論の自由など）が経済成長に最も重要な要素のようだとしています。

アセモグル教授と言えば経済学を学んだことがある人なら誰でも知っているスーパースターです。日本でも知られている書籍に『国家はなぜ衰退するのか　権力・繁栄・貧困の起源』（早川書房、２０１３年）などがあります。

民主主義は典型的な政治学のトピックです。しかし、民主主義と経済成長になると政治経済学のトピックになり、経済学者が活躍します。意外に思われた方もいるかもしれません。

高等学校へ出張講義に行くと、〇〇学部や学科ではどのようなことを学べるのかを教えてほしいという質問を受けます。

高校生だけでなく一般の人にとっても、学習内容の分かりにくい専門分野はありますし、その学習内容が昔とはだいぶ違ってイメージが変わった分野もあります。

経済学における行動経済学のように、古くに教育を受けた人にはなじみのないものも多いです。心理学的要素を加味した行動経済学が日本の大学の学部で講義されるようになったのは最近のことです。

それ以外にも、データ分析の重要性が高まったことが特徴です。以前と違ってパソコンで簡単に操作出来る無料の統計ソフトが普及したことなどが一因でしょう。文系でもデータ学習の比重が増えました。

データの分析や活用は、一部の専門家の専売特許ではなく、誰もが行う一般的なものになってきています。Evidence Based〜が謳われ、データに基づいた議論が重視されています。

その結果、選択が必要な判断には常に客観的な証拠が求められます。民主主義のようなイデオロギーに関しても、好き嫌いといった好みでなく、数値に変換して優劣を判断する方法が使われているのです。

◉平均寿命が長い民主主義国家

民主主義国家の方が優れていると示すために使われる指標はいくつかあります。

1人当たりGDPのように国家の経済水準を測る指標はその1つです。経済的に豊かな国の方が望ましいという考え方に基づいています。誰しも貧困に苦しむ国は嫌でしょう。

それ以外にもよく使われる指標に**平均寿命**があります。短命より長生き出来る国の方が好ましいという考えで、GDPとは違った判断基準です。

新生児がどのくらい生きるかという意味で出生時平均余命と呼ばれたりもする平均寿命。世界銀行によるきちんとした定義では、出生時の年齢別死亡率が生涯を通じて変わらないとした場合に新生児が生存すると思われる平均年数とされます。

図8-2は世界各国のデータを使って、平均寿命と民主主義の指標の関係を描いたものです。横軸は民主主義の指標、縦軸は平均寿命です。

平均寿命の単位は年数、民主主義の指標は0から10までの値をとり、10に近づくほど民主主義の程度が高いのは図8-1と同じです。

実は、世界各国のデータを使って平均寿命と民主主義の指標の関係を図に描くと、両者の関係性を直線で近似した傾向線は右上がりになり、正の相関があることが知られています。

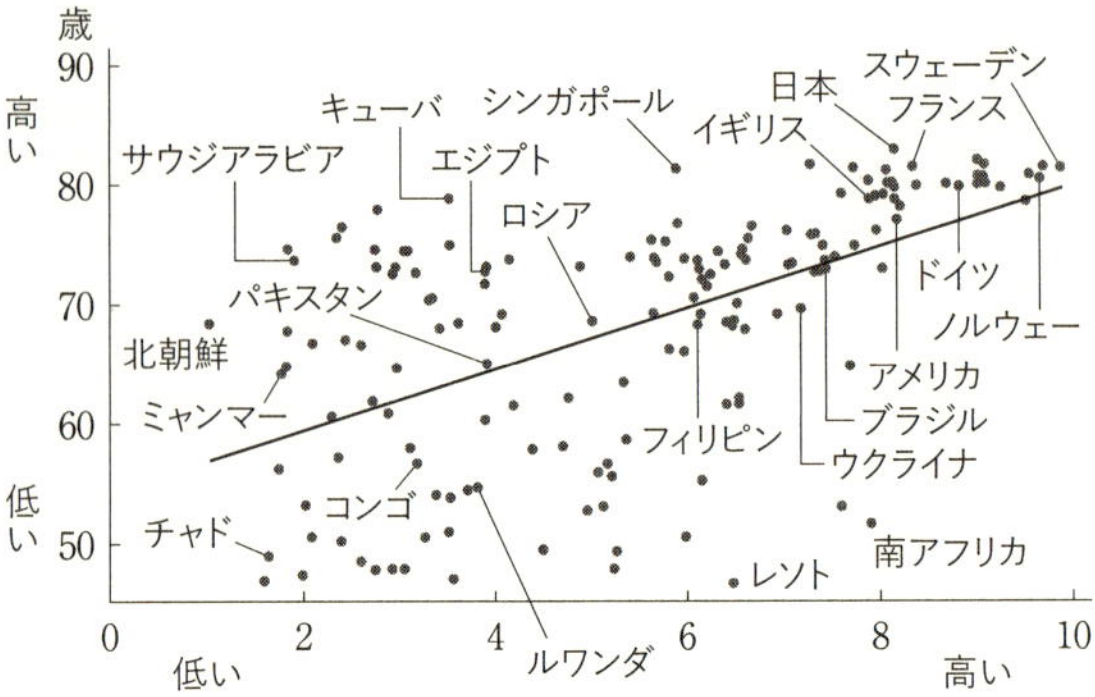

出典：SÖREN HOLMBERG and BO ROTHSTEIN, CORRELATES OF THE ECONOMIST'S INDEX OF DEMOCRACY, THE QUALITY OF GOVERNMENT INSTITUTE, Department of Political Science, University of Gothenburg, WORKING PAPER SERIES 2014: 19

図 8-2　平均寿命と民主主義の指標の関係

民主主義が徹底されている国ほど、平均寿命が長い傾向があるわけです。

では、図8-2だけから、平均寿命を高めるためには民主主義を推進すべきだと主張してよいかというと、1人当たりGDPの例の焼き直しなので、その答えも同じです。

図8-2の情報だけでは、平均寿命を高めるためには民主主義を推進すべきだ、とは言えません。相関関係は因果関係を意味しないからです。

しかし、本当のところはどうなのでしょう。民主主義が進むと平均寿命が延びるのでしょうか。

民主主義は長寿を促進すると海外メデ

ィアで報道されたことがあります。民主主義に転換した国々は、そうでない国々に比べて、平均寿命の延び方が早いといいます。2019年イギリスの大手新聞であるガーディアンの記事です。

この報道は、学術研究の成果を参照したものです。図を使用して判断する場合には相関関係しか分かりませんが、学術研究では2次元の図では考慮されていない要素を含めて少し複雑な分析を行います。

例えば、ある国における非民主主義から民主主義への移行過程における変化を分析したり、民主主義に転換した国々とそうでない国々を比べたりといった具合です。

その結果、民主主義は寿命を延ばす可能性が示されたわけです。

学術研究を参照すると、経済成長だけでなく寿命の観点からも民主主義の方が好ましいという主張は説得力を増します。今やイデオロギーもデータを使って科学的にその優位性を示す時代なわけです。

◉平等で幸福な民主主義

経済成長や寿命以外にも民主主義と相関を示す指標があります。

例えば、**乳児死亡率**(生まれた乳児1000人当たり、1歳になる前に死亡する割合)との間には負の相関が見られます。民主主義が浸透しているほど乳児の死亡率が低いです。

また、男女間平等度や女性の中等教育(日本だと中学校と高等学校に該当)への就学率との間には正の相関を示します。民主主義的な国ほど、男女が平等であったり、女性の中等教育への就学が進んでいたりします。男女間平等度は経済的機会、経済活動や政治への参加、学歴、健康と福利の観点から測られる指標です。就学率は教育の機会均等に焦点を当てた指標です。

所得の不平等度を測る**ジニ係数**でも民主主義との相関が示されます。民主主義が徹底しているほど、所得格差が少ない傾向があります。

男女間のように社会的な平等だけでなく、所得のように経済的な平等においても似たような傾向が見られるわけです。

さらに、幸福度や生活満足度との間には正の相関を示します。民主主義が浸透しているほど、幸せに感じたり、生活に満足していたりします。

乳児があまり亡くならず、社会的にも経済的にも平等で、幸せに感じて生活に満足しているというように、いろいろな指標によって民主主義が優位である可能性が示唆されています。

本章では、民主主義との関連を、経済成長から始まり平均寿命・乳児死亡率、社会的・経済的平等や幸福度まで幅広く扱いました。こうした話題を通じて、主観的な信条に基づく判断ではなく、客観的なデータに基づいた判断という考え方に少しは慣れていただけたでしょうか。

もちろんこれらの議論でも、まったく主観を排除しているわけではありません。経済的に豊かな国や長生き、平等で幸福な生活が良いといった価値判断が背景にあるからです。ただ、多くの人の同意を得られるような指標を基準にすることで、目に見える形で分析結果が出ることは魅力です。データの活用が一般に浸透し始めたのはそうした理由もあるでしょう。

◉政治トピックに見る性差

民主主義以外にも、政治関連の興味深い経済学研究があるので紹介しておきましょう。男女の政治的志向の違いを分析した研究です。

それによると、近年の女性は男性と比べて左派を支持する傾向があります。理由は結婚の減少です。結婚が減って(男性に比べると)経済的に貧しくなった女性が左派を支持するといいます。

　アメリカのデータを使った分析によると、離婚が増えると、男性では左派への支持が減りますが、女性はそうではありません。しかし、結婚すると、女性では左派への支持が減るそうです。

　政治的志向に関する男女差を、経済状況から説明するあたりが経済学らしい分析です。左派か右派かといったことも、目には見えない信条ではなく、可視化出来る婚姻や経済状況で考えています。

　ついでに女性の政治参加の変化に関する政治学研究も紹介します。

　これまで女性は男性よりも保守的で政治に参加しない傾向があるとされていました。過去に多くの国で行われた研究による結果です。政治参加に関する性差はいろいろな国で見られていたことになります。

　しかし、選挙行動におけるこうした伝統的な性差はなくなりつつあります。１９８０～９０年代における世界60か国のデータを使った分析によると、女性による政治参加は増えているといいます。

　但し、それはすべての国に当てはまるわけではありません。高度産業社会だけに見られる変化であり、ポスト共産主義社会や発展途上国ではそうした変化は見られません。

ポスト共産主義社会とは、旧共産主義国が資本主義経済に転換しようとする過渡期の社会のことです。

この結果は、ともすれば、政治参加に関する男女平等の観点からは、共産主義よりも資本主義の方が良いと解釈されます。資本主義に転換していない国では女性による政治参加が進んでいないからです。

すると、共産主義と資本主義のどちらが好ましいかといった事柄までも、データ分析の結果に基づいた議論の対象となります。

このように、データ分析を適用出来る範囲はみなさんが思っているよりははるかに広いです。売上とか経済成長とかいった数字で表される典型的な指標だけではありません。政治・経済・社会に関する思想や体制までもその分析対象になっています。

データを分析すれば理念や思想上の立場を目に見える形で精査することが可能になります。よりよい社会とは何かを考えるうえで、今後ともデータを適切に分析する重要性はますます高まっていくでしょう。

9章　金融リテラシー

金融や経済に関する知識や判断力を意味する**金融リテラシー**。内閣府の政府広報オンライン(平成26年4月25日)によると「一人一人が経済的に自立し、より良い暮らしができるようにする」ために、政府はその向上を後押ししています。

金融リテラシーと言われてもピンとこない人も多いでしょう。例えば、単利・複利といった**金利**は、インフレやデフレ、為替とともに、「最低限身に付けるべき金融リテラシー」の項目に含まれています。こうした指針を示したのは金融庁金融研究センターが開催した金融経済教育研究会です。

金融リテラシーの向上が提唱される背景には、老後や進学を含む将来の生活に備えて、個人が株などの金融商品で資産を運用することを想定しています。これからの社会ではある程度自分で資産形成してくださいということです。

2014年の1月から、政府は**NISA**（ニーサと呼ぶ。Nippon Individual Savings Accountの略）という制度を設けて資産運用を後押ししています。一定金額の範囲内であれば、株式などの投資から得られる利益を非課税にする制度です。2016年4月からは未成年者を対象にしたジュニアNISAなるものまでありましたが2023年末で終了しました。

2024年からは制度が改正されて新しいNISAが始まりました。年間に投資出来る額の上限が拡充されたり、これまでは期限があった非課税の期間を無期限にしたりして、さらなる後押しをしています。

個人の裁量で資産を運用するためには、お金の増やし方に関する最低限の知識が必要です。A社の株を買いませんかと持ち掛けられた時に、その損得について自分で判断出来ないといけません。よく分からないままに購入すると、だまされて損をしてしまうかもしれません。

そこで、金融リテラシーを向上させるための教育が提唱されるようになり、例えば、改訂された学習指導要領に基づいて2022年4月から家庭科の授業の中で高校生が金融教育を受けています。

ただ、必ずしも難しい知識を学ぶわけではありません。証券会社のディーラーやトレーダーを育成することが目的ではないからです。

期待されるのは単利と複利の違いのように、あくまで基礎的な知識に過ぎません。こうした基礎知識を子どものころから学びましょうというわけです。

そこで、本章では、百分率（パーセンテージ）を使った利率に関する例題を見ていきます。百分率自体は難しくありませんが、実生活に生かせる学びを織り込まれると戸惑う方もいるでしょう。データの解釈と合わせて、どのように考えればよいかの参考にしてください。

◉百分率（パーセンテージ）

本題に入る前に、**百分率**の復習もかねて、ちょっとしたエピソードを紹介しましょう。

多くの大学教員が担当する業務の1つが入試問題の作成です。その作成にはたいへん気を遣います。高校の履修範囲でない事柄を設問に含めるとすぐに苦情が来ます。こうした苦情に対して大学側は大変神経をとがらせているため、問題を作成する大学教員も神経質になっています。

例えば、受験生への設問で、1％は0・01と同じだとして取り扱って大丈夫なのか？真偽のほどは定かではありませんが、大学の入試問題を作成する時に真剣に議論された論点だそうです。

1％が0・01なんて当たり前ではないかと思われるかもしれません。しかし、大学によってはこうしたことを知らない学生に出くわすこともあるらしいです。すると、作問する教員も不安になってしまいます。

ただ、1％を0・01として取り扱う設問は問題ないでしょう。小学校学習指導要領によると、百分率（％）は小学生の学習内容です。指導要領の解説では、「第4学年までに、基準にする大きさを1として、それに対する割合を小数で表すことを経験してきている。第5学年では、百分率について理解し用いることができるようにすることをねらいとしている。」となっています。義務教育の学習範囲です。

小学校の学習指導要領まで確認して、全体を100とした場合の割合の単位である百分率が、全体を1とした場合の割合と同義だとわざわざ明記しなくてもよいことが分かって安心します。そして、晴れて入試問題として採用されることになります。

「全体を100とした場合の割合」や「全体を1とした場合の割合」は、データの分析をするうえで非常に重要な考え方で、本書では繰り返し使用されるので記憶にとどめておいてください。

◉単利と複利の違い

半分冗談のようなウォーミングアップが済んだところで、**単利**と**複利**の違いから始めましょう。複利のすごさを確認することが目的です。

利率が高いからと言って単利で運用すると、場合によっては複利で運用すればよかったと後悔することになります。大事なのは、この「場合によっては」の部分です。それがどのような場合なのかを見ていきます。

資料9-1と9-2は複利の計算の仕方を、数値例を使って示したものです。

資料9-1

100億円の資産が毎年1%の複利で増える場合、1年後の総資産額は101億円(=100×(1+0.01))、2年後の総資産額は約102億円(=100×(1+0.01)²)と計算します。

資料9-2

複利計算の参考として示した表9-1の数値の見方は以下の通りです。例えば、0・06の

7乗	8乗	9乗	10乗
1.504	1.594	1.689	1.791
1.606	1.718	1.838	1.967
1.714	1.851	1.999	2.159
1.828	1.993	2.172	2.367
1.949	2.144	2.358	2.594

（億円）

7	8	9	10
170	180	190	200
171.3824	185.093	199.9005	215.8925

行で2乗の列の数値1・124は$(1+0.06)^2$を計算したもの、0・08の行で9乗の列の数値1・999は$(1+0.08)^9$を計算したものです。

では、ここで質問です。

企業Aの現在の総資産額は100億円で、毎年現在の総資産額の10%である10億円ずつ資産が増えます。つまり、企業Aの1年後の総資産額は110億円（＝100＋10）、2年後の総資産額は120億円（＝110＋10）となります。

一方、企業Bの現在の総資産額も100億円ですが、毎年□%の複利で資産が増えます。すると、6年後までは企業Aの総資産額は企業Bの総資産額よりも大きかったですが、7年後には企業Bの総資産額が企業Aの総資産額よりも大きくなりました。

資料と表を参考にして、□に当てはまる

表 9-1　複利計算の参考

	1乗	2乗	3乗	4乗	5乗	6乗
0.06	1.060	1.124	1.191	1.262	1.338	1.419
0.07	1.070	1.145	1.225	1.311	1.403	1.501
0.08	1.080	1.166	1.260	1.360	1.469	1.587
0.09	1.090	1.188	1.295	1.412	1.539	1.677
0.1	1.100	1.210	1.331	1.464	1.611	1.772

表 9-2　単利と複利の違い

年数	0	1	2	3	4	5	6
単利	100	110	120	130	140	150	160
複利	100	108	116.64	125.9712	136.0489	146.9328	158.6874

数値を考えてみましょう。

表９-１の数字を使って、毎年１００億円の資産がどのように増えるかを示したのが表９-２です。単利と複利のそれぞれの場合が示されています。

複利の計算には表９-１の０・０８の行を参照してください。表９-２の数字の方が細かいことを除けば０・０８の行の数字に対応しています。表９-１は元本が１の場合なので、表９-２の数字はその１００倍になります。

単利の場合には、１１０億円、１２０億円、１３０億円といった具合に毎年10億円ずつ資産が増えて、その増加額は年によって変わりません。

一方、年率８％の複利の場合には、１年目には8億円、2年目には8・6億円と増える資産額が毎年変化します。最初は増加額が少ないスロースタートですが、6年目には12億円弱増加するようになります。

そして、単利で運用する企業Aの総資産額と複利で運用する企業Bの総資産額が逆転するのが7年目というわけです(表9-2の網掛け部分)。

したがって、正解は8%です。表9-2を見ると、年数がたつほど複利による資産運用が有利になるのが分かります。

例えば、10年のような長期間で運用する場合、単利で10%の方が複利の8%よりお得ですと勧められても、そうした勧誘は断らないと16億円近くも損してしまうことになります。

蛇足ですが、高校数学の等比数列の和の公式を使えば、前述のような表がなくても複利の計算が出来ます。

例えば、毎年10万円ずつの資産を年率8%の複利で積み立てると、1年後には資産運用の合計金額は$10\times(1+0.08)$万円、2年後には$10\times(1+0.08)^2+10\times(1+0.08)$万円、3年後には$10\times(1+0.08)^3+10\times(1+0.08)^2+10\times(1+0.08)$万円、と増加します。

仮に5年後の資産運用の合計金額を知りたいとしましょう。

公式は $S_n=\dfrac{a(r^n-1)}{r-1}$、但し、a: 初項、r: 公比、n: 項数を使います。ここで、初項が10×(1+0.08)、公比が1・08、項数は5を代入して計算すると、約63・4万円となります。

ここで使われた考え方は、個人や企業の資産運用だけでなく国家の経済成長などにも応用出来ます。

例えば、現在100兆ドルであるA国のGDPは、毎年□%の率で成長したため、その金額が約2倍の197兆ドルになるのに10年かかりました。□に当てはまる数値は何かと言った具合です。

ちなみに、GDP(Gross Domestic Product の略)とは、国内総生産のことで、ある国で財やサービスの生産によって一定期間内に生み出された付加価値を測定する尺度です。

この例題を $100\times(1+x)^{10}=197$ という式に変換し、xを求めればよいと分かれば後は簡単です。表9-1を参照すれば、正解は7%となります。毎年7%で成長すれば、10年でGDPは2倍になります。

実はこれに似た状況が過去にありました。内閣府のウェブサイト(平成11年)では、1966年から急成長した日本がその後約7年間で実質GDPが2倍になるという高度成長を遂げたことを記しています。

◉株式による資産運用

利率に関する理解が深まった(もしくは復習が終わった)ところで、今度は株価の変動について考えてみましょう。

次の①から④までの記述を読んで、その正誤を答えてください。なお、ここでは○月2日に購入した株価を基準として、4日時点の株価がそれを下回る場合を損、上回る場合を得しているものとします。

①10月2日に購入したA社の株価が、10月3日には15%上昇し、10月4日には3日の価格より15%下落しました。4日時点において、損も得もしていません。

②11月2日に購入したA社の株価が、11月3日には15%下落し、11月4日には3日の価格より15%上昇しました。4日時点において、損も得もしていません。

③11月2日に購入したA社の株価が、11月3日には25%下落し、11月4日には3日の価格より26%上昇しました。4日時点において、得しています。

④12月2日に購入したA社の株価が、12月3日には25%上昇し、12月4日には3日の価格より26%下落しました。4日時点において、損しています。

これも百分率（パーセンテージ）の理解に関連する例題です。それぞれの記述の正誤について見ていきましょう。

①15％上昇したのち、15％下落するので、差し引きゼロと思われるかもしれませんが、この計算は正しくありません。
確認するために、購入したA社の株価を1000円とします。この価格が15％上昇すると1150円になります。翌日に、この1150円から15％下落すると977・5円（＝1150×（1－0.15））となり損しています。

同じ15％の変化でも、3日の増加額は150円、4日の減少額は172・5円だからです。後者の額の方が大きくなるのは、3日は1000円が基準となるのに対し、4日では1150円が基準になるためです。このため、同じ15％でも金額が異なることになります。
②①と同様です。15％下落したのち、15％上昇するので、差し引きゼロと思われるかもしれませんがそうではありません。
やはりA社の株価を1000円とします。この価格が15％下落すると850円になりま

す。この850円から15％上昇すると977・5円（＝850×（1＋0.15））となり損していま す。

同じ15％の変化でも、3日の減少額は150円、4日の増加額は127・5円だからです。前者の額の方が大きくなるのは、3日は1000円が基準となるのに対し、4日では850円が基準になるためです。同じ15％の変化でも初日の損を取り戻せていません。

③そろそろ25％と26％を単純に比較して、25＜26なので得するとは言えないことを理解されたと思います。それでは、これまでと同じ手順で計算してみます。

A社の株価を1000円とすると、25％下落した場合750円になります。翌日この価格が26％上昇すると、945円（＝750×（1＋0.26））になります。当初購入した価格1000円と比べて損しています。

④いよいよ最後の選択肢です。A社の株価を1000円とすると、25％上昇した場合1250円になります。翌日にこの価格が26％下落すると、925円（＝1250×（1－0.26））となり、当初価格より低いです。損していることになります。この記述だけは正しいです。

この例題のポイントは、同じパーセントでも基準となる値が違うと、その後の結果が変わることです。

このため、○%上昇したのち同じ○%下落しても、差し引きゼロにはなりません。上昇した時の基準と下落した時の基準は違います。前述①の数値例でいえば、前者の基準は1000円、後者は1150円です。その結果、初日に150円(＝1000×0.15)得をし、翌日に172・5円(＝1150×0.15)損をします。トータルで22・5円の損となります。

当たり前のようですが、何気なく新聞やネット記事を読んだり、テレビやネット動画などを見たりする時には、こうした点を見落としやすいです。世間では①から③のようなニュアンスの誤った主張も珍しくないです。気を付けたいものです。

10章　エネルギー自給率

2022年の日本は政府が家庭や企業に相次いで節電を要請する年度でした。暑い時期である7月1日から9月30日までの要請に続き、寒さのために厳しい電力需給が見込まれる12月1日から翌年の3月31日までも節電を要請する運びとなりました。

節電による影響は、暑い時期に冷房が使えなかったり、寒い時期に暖房が使えなかったりと快適な生活が損なわれるだけではありません。冷房を我慢することで熱中症による死者が出るといった不幸な出来事に至ることもあります。節電は私たちの日常生活と密接に関連しているだけに、普段は社会情勢に無頓着な人にとっても切実な問題でしょう。

節電が求められた背景には、いくつかの理由があります。ロシアによるウクライナ侵攻やマレーシアでの**液化天然ガス**（LNG）設備の損傷により、火力発電所の燃料として使われる

ＬＮＧの安定供給が不安視されたことが一因です（日本経済新聞「政府が冬の節電要請決定　数値目標なし、全国で7年ぶり」２０２２年11月1日）。

こうした海外情勢に加えて国内では、太陽光や風力などの再生可能エネルギーの供給が思うほど増えないこと、東日本大震災で停止した原子力発電所の稼働が震災前ほど進まないことや脱炭素社会の高まりや電力自由化で電力会社が採算の悪い火力発電所を休止や廃止したことで、電力供給力が低下したことなども要因です（ＮＨＫ「冬の節電要請　今なぜ節電なのか　そして節電のコツをわかりやすく解説します」２０２２年12月2日）。

原油、石炭やＬＮＧのほとんどを海外からの輸入に頼り、エネルギー自給率が低いことが懸念されている日本。エネルギーを安定的に供給するには、中東地域の不安定な情勢なども不安材料です。日本が輸入する原油の約9割は中東地域からだからです。

不透明感が増す国際情勢のもと、エネルギー調達をめぐる国家間の競争は激しくなっており、日本のエネルギー戦略の見直しが叫ばれます。

エネルギーに関する議論は、国内の安定供給という問題にとどまりません。近年世界の国々が悩まされる熱波や大雨、干ばつの増加などの気候変動に見られるように、地球温暖化という地球規模の環境問題とも直結します。地球温暖化の主な原因とされる温室効果ガスは、私たちが使う化石燃料と深く関係しています。

日本のエネルギー供給のあり方を扱う本章では、過去から現在に至るまでのエネルギーの国内供給構成比や化石燃料輸入先などの変遷に関するトピックスを見ていきます。

特に、原油輸入量と中東依存度といった古くて新しい問題から原子力発電所の再稼働やエネルギー源多様化の推進まで、今後のエネルギー戦略を議論するうえで役立つようなトピックスを重点的に取り扱います。

前章に続き、複数の資料を使った例題には、構成比を表す円グラフや帯グラフが登場して、文章の情報を数式にするスキルが試されます。

社会事象から問題を抽出して数式で表現することは、データ分析で基本的アプローチの1つです。数式で表現するというと難しそうですが、簡単なものであれば義務教育の知識で十分対応出来るので心配いりません。

◉低下するエネルギー自給率

日本のエネルギー供給を概観することから始めましょう。図10-1には、1960年から2019年までの日本の一次エネルギー国内供給構成に関する図とエネルギー自給率を示し

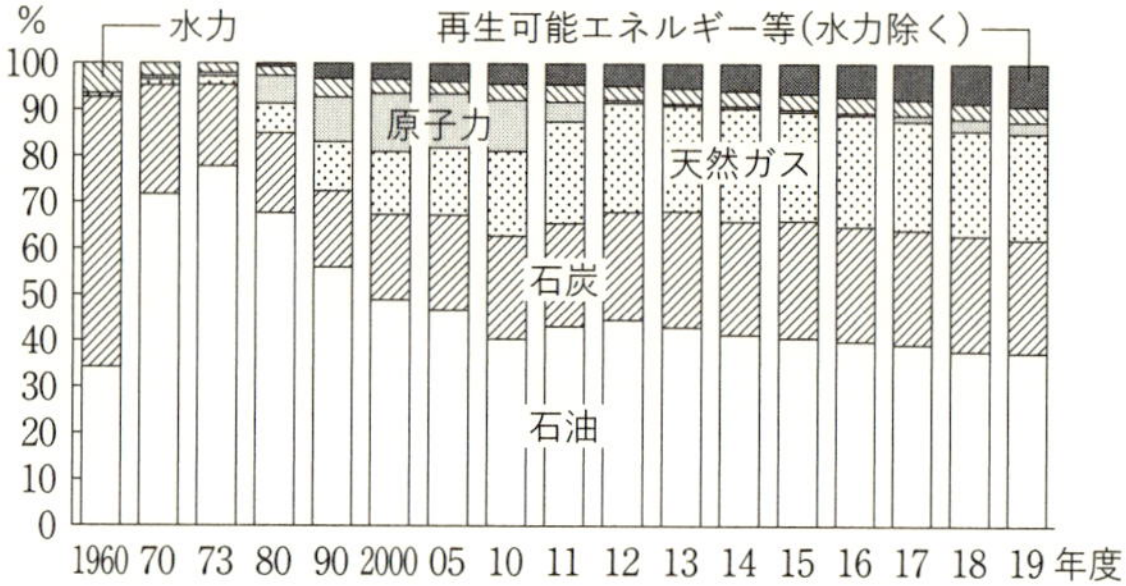

年度	1960	1970	1973	1980	1990	2000	2005
エネルギー自給率(%)	58.1	15.3	9.2	12.6	17.0	20.3	19.6
年度	2010	2011	2012	2013	2014	2015	2016
エネルギー自給率(%)	20.2	11.5	6.7	6.5	6.3	7.3	8.1
年度	2017	2018	2019				
エネルギー自給率(%)	9.4	11.7	12.1				

出典：資源エネルギー庁　令和２年度エネルギーに関する年次報告(エネルギー白書 2021)

図 10-1　一次エネルギー国内供給構成及び
エネルギー自給率の推移

た表が示されています。出典は資源エネルギー庁のエネルギー白書です。

官公庁の白書類には一般になじみのない用語が使われることがあります。図10－1の一次エネルギーはそれにあたります。一次があるなら二次もあるのでしょうが、その違いが分からない方も多いでしょう。

そこで、資料10－1を見てください。九州電力やエネルギー白書を参照して補足しています。石油や石炭などが一次エネルギーで、電気や都市ガスは二次エネルギーになります。大雑把に言えば、一次エネルギーとは、日常で使うエネルギーの元になるものくらいのイメージです。

また、一国が必要とするすべてのエネルギー量のうち自国内で確保出来るエネルギーの比率がエネルギー自給率です。エネルギー自給率と言った場合、一次エネルギーが基準となります。

資料10-1

一次エネルギーとは、石油、石炭、天然ガス、原子力、水力並びに太陽光や風力などの再生可能エネルギー等のことです。

一次とは加工されていない状態で供給されるエネルギーで、一次エネルギーを転換・加工して得られる電気、都市ガスなどの二次エネルギーと区別されます。

原子力が一次エネルギーに分類されるのは、国際エネルギー機関(IEA: The International Energy Agency)が国産エネルギーとしていることに準じています。

一次エネルギーのうち、自国内で確保出来る比率を「エネルギー自給率」といい、エネルギー自給率(％)＝国内産出÷一次エネルギー供給×100と計算されます。

このため、天然資源が多い国ほどエネルギー自給率は高くなり、資源が乏しく産業が発達した国では、エネルギー自給率は低くなります。

エネルギー自給率の計算式にある一次エネルギー供給という用語について補足します。エネルギーは、生産されてから私たちエネルギー消費者に使用されるまでに、様々な段階を経ています。石油、石炭、天然ガスなどが供給され、電気や石油製品等に形を変える発電・転換部門(発電所、石油精製工場等)を経て、私たちに最終的に消費されるといった具合です。

この際、発電・転換部門で生じる変換ロスまでを含めて、一国が必要とするすべてのエネルギー量という意味で「一次エネルギー供給」という概念が用いられています。

出典：九州電力　エネルギー環境デジタルライブラリー「一次エネルギー国内供給構成および自給率の推移」を中心に、エネルギー白書2021および2013などを参照し、文章を加筆修正した。

図10-1と資料10-1より、過去から現在までの日本におけるエネルギー自給率の変化を、一次エネルギーの国内供給構成の変化と合わせて、概観しましょう。

1960年までさかのぼるのは、現在の日本のエネルギー供給のあり方を考えるうえで、歴史的背景が重要だからです。

今でこそエネルギー自給率の低さが問題になっていますが、1960年度のエネルギー自給率は58・1%となっており、かなり高い水準でした。石炭や水力などの天然資源が国内の一次エネルギー供給の半分以上を占めていた時期です。

転換となったのは高度経済成長期(大体1955年〜1973年頃まで)。エネルギー需要が高まる中で、石炭から石油への燃料転換が進み、石油が大量に輸入されるようになりました。その結果、エネルギー自給率は大幅に低下して、1970年度のエネルギー自給率は15%程度になりました。

その後、エネルギー源の多様化が進みます。1973年の第1次オイルショックを契機に、石油への依存を減らして天然ガスや原子力を導入します。

2000年代は原子力が国内の一次エネルギー供給に占める割合が増えました。原子力のおかげで、1980年度には12・6%であったエネルギー自給率は向上して、2000年度には20・3%、2005年度には19・6%、2010年度には20・2%とおおよそ20%の水準を維持しています。

しかし、2011年の東日本大震災後には原子力発電量が減少して、2012から2014年度における エネルギー自給率は6%台にまで低下。2014年度は原子力発電量がゼロになったこともあり、エネルギー自給率は過去最低の6・3%となりました。

2010年代後半には、再生可能エネルギーの導入が進んで国内の一次エネルギー供給に占める割合が増加したり、原子力発電所の再稼動が進んだりしました。その結果、2019年度のエネルギー自給率は12・1%となっています。

ただ、エネルギー白書2022によると、2020年度のエネルギー自給率は11・2%に低下。エネルギー自給率が低下するのは6年ぶりのことであり、再稼働した原子力の定期検査が長引いたことが原因とされています。

このように、図10-1を見るだけで、日本のエネルギー供給に関する紆余曲折が分かります。近年では、原子力活用の後退がエネルギー自給率の低下につながり、その代わりに再生可能エネルギーへの期待が高まっています。

こうしたなか、エネルギー自給率の向上に努める一方で、低い自給率に関してはある程度仕方ないという見方があります。資料10-1の傍線部にあるように、資源が乏しく産業が発達した国ではエネルギー自給率は低くなりがちだからです。

では、どうして資源が乏しく産業が発達した国ではエネルギー自給率が低くなるのでしょうか。資料の理解度を試す質問なので考えてみてください。

傍線部の直前にある式より、エネルギー自給率(%)は、(国内産出÷一次エネルギー供給)×100と計算します。①資源が乏しいや、②産業が発達したという情報がこの式のどの項に対応するかが分かれば簡単です。

資源が乏しいと国内算出が少ない一方で、産業が発達していると一国が必要とする総エネルギー量が増えて一次エネルギー供給が多くなります。エネルギー自給率の計算式における分子が小さくなると同時に分母が大きくなるので、エネルギー自給率が低くなってしまいます。

技術革新により産業が必要とする総エネルギー量が著しく減ったり、一次エネルギーとなる新たな資源でも見つかったりしない限り、日本の低いエネルギー自給率を向上させるのは難しいのかもしれません。

◉海外からの輸入に頼るエネルギー

エネルギー自給率が6%台にまで低下した2010年代前半。当時ほどでないにしても、

２０１０年代後半から現在に至るまで、日本のエネルギー自給率は依然として低いです。原油、石炭やＬＮＧといった化石燃料のほとんどを海外からの輸入に頼る状況は昔と変わりません。

本節では、日本のエネルギー調達の現状を少し詳しく見てみましょう。

図10−2は日本の一次エネルギー供給構成の推移、図10−3は日本の化石燃料輸入先の推移、図10−4は主要国のエネルギー自給率の比較を示したものです。図によって原油や石油と呼称が違いますが、本節以降では対応物として扱います。厳密には両者は同じではなく、石油情報センターによると、石油は天然に出来た燃える鉱物油とその製品の総称、原油は地下から採取されたままの状態のものです。

日本の一次エネルギーの供給構成を見ると、化石燃料への依存度が高く、そのほとんどが輸入に頼っています。その結果、日本のエネルギー自給率は国際的に見ても低い水準にあります。

図10−2より、化石燃料への依存度は、２０１０年度で81・2％、２０１９年度では84・8％。１９７３年度の94・0％に比べると低下したものの80％台と依然高いです。特に、化石

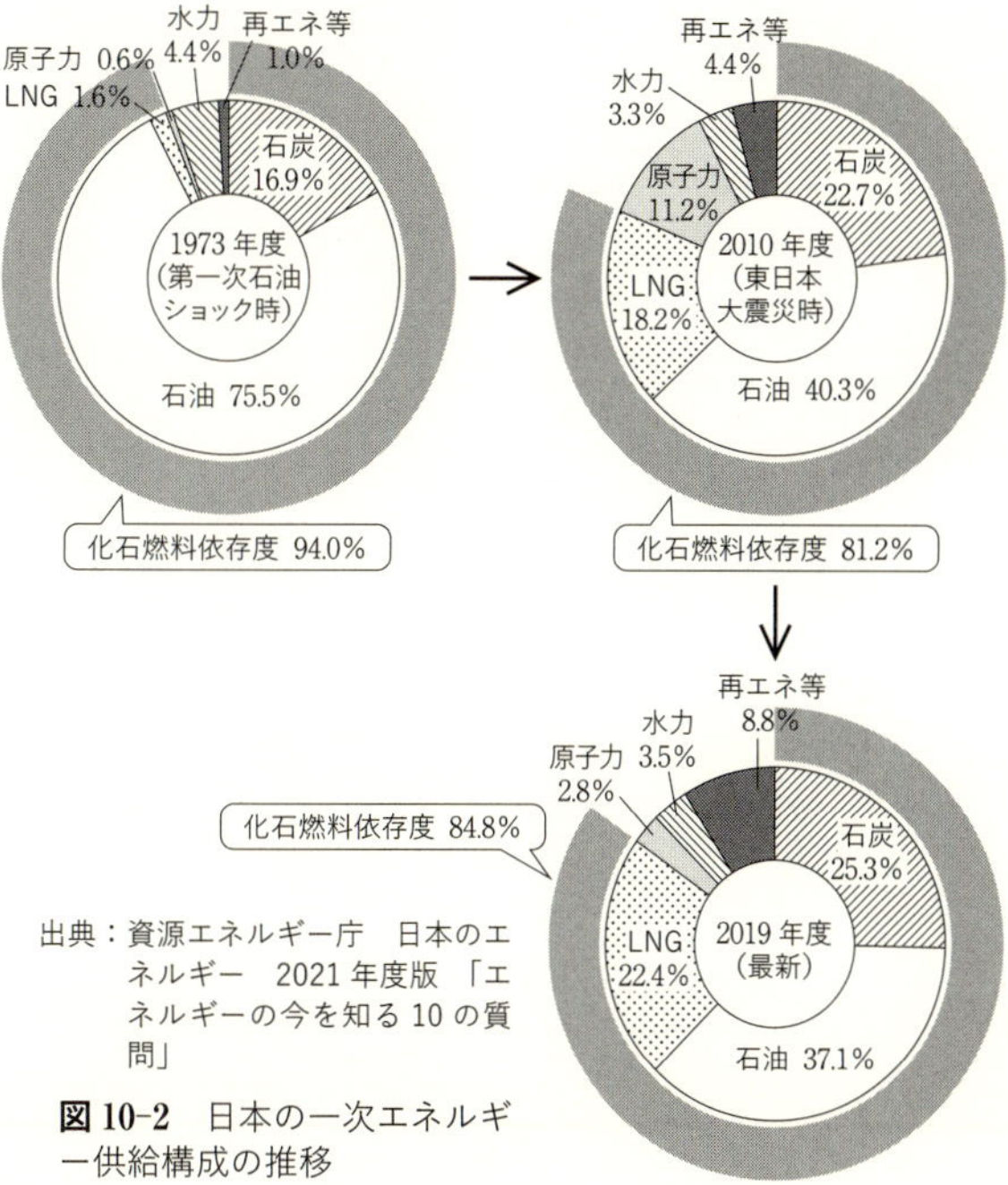

出典：資源エネルギー庁　日本のエネルギー　2021年度版「エネルギーの今を知る10の質問」

図10-2　日本の一次エネルギー供給構成の推移

燃料のなかでも石油の割合が高いです。

また、化石燃料はほとんど海外からの輸入に依存しています。図10-3より、2019年における原油海外依存度は99・7%、LNG海外依存度は97・7%、石炭海外依存度は99・5%です。そのため、日本のエネルギー自給率は低くなっています。

図10-4より、日本のエネルギー自給率12・1%。これは、OECD加盟国36

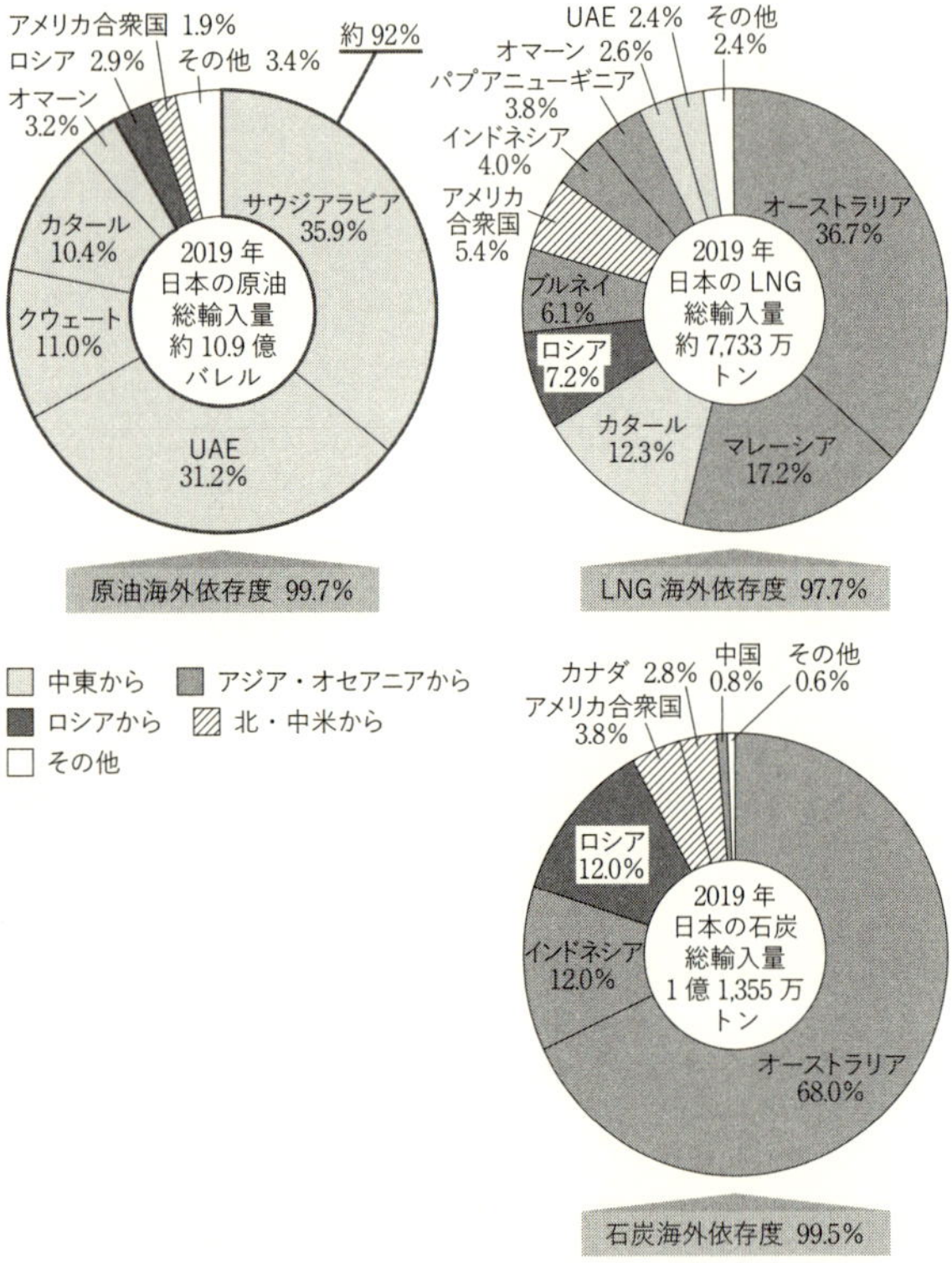

出典：資源エネルギー庁　2020—日本が抱えているエネルギー問題（前編）

図 10-3　日本の化石燃料輸入先の推移（2019 年）

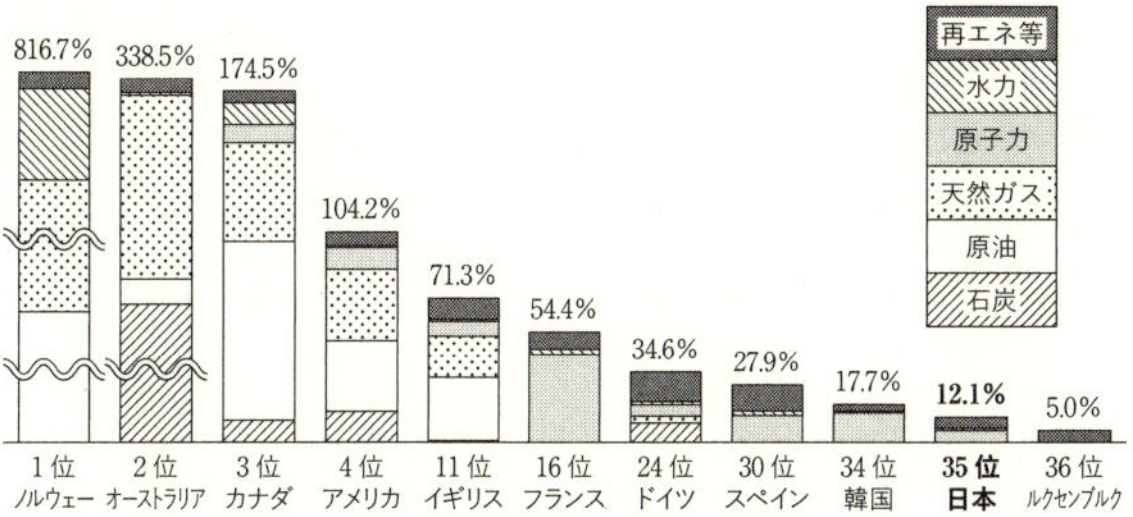

出典：資源エネルギー庁　日本のエネルギー　2021年度版「エネルギーの今を知る10の質問」

注：OECD（経済協力開発機構）36か国中の順位．2022年時点でのOECD加盟国は2020年にコロンビア，2021年にコスタリカが加盟したことにより38か国に増加（経済産業省ウェブ　ホーム　政策について　政策一覧　対外経済　通商政策　OECDを参照）．

図 10-4　主要国のエネルギー自給率比較（2019年）

か国のうち、上から数えて35位（下から2番目）です。17・7％である34位の韓国よりも低く、日本の自給率は他のOECD加盟国と比べてかなり低いです。改めて、日本のエネルギー供給は化石燃料への依存度が高く、そのほとんどは海外からの輸入であることを認識します。

◉原油輸入の中東依存問題

日本のエネルギー供給を考えるうえで重要なのは化石燃料であり、とりわけ中心的役割を果たしてきたのは石油です。1970年代前半に比べると一次エネルギー供給に占める石油の割合が減ったとはいえ、依然としてその割合は一番高いです。

その重要性にもかかわらず、日本の原油供給のうち国内で産出される原油の割合は非常に低いです。1970年頃から2020年度に至るまで原油自給率はずっと0・5%未満の水準にあります。

日本は中東地域のサウジアラビア、アラブ首長国連邦、クウェート、カタールなどから原油を輸入しており、2020年度にそれらの合計が全体の輸入に占める割合は約90%です。

現在の原油供給を考えるうえで、中東との関係は切り離せません。ただ、イランの核開発やイスラム原理主義組織の活動など中東地域には不安要素が絶えません。

このため、エネルギー白書2021では、過度に中東地域からの輸入に依存することを懸念しています。ホルムズ海峡の封鎖といった非常事態が起こった場合、原油の供給が止まるリスクが高くなるからです。

そこで、原油輸入量と中東依存度の関係に関する次のような例題を見てみましょう。

図10-5は1960年から2020年までの原油輸入量と中東依存度の推移を示したものです。中東依存度とは原油輸入量のうち中東地域から輸入される原油量の割合のこと。左軸は原油輸入量でその単位は万バレル、右軸は中東依存度で単位はパーセントです。

図10-5を見ると、原油輸入量の減少時に中東依存度も低下したり、原油輸入量の増加時に中東依存度も上昇したりする時期があります。1970年代後半から1980年代までは

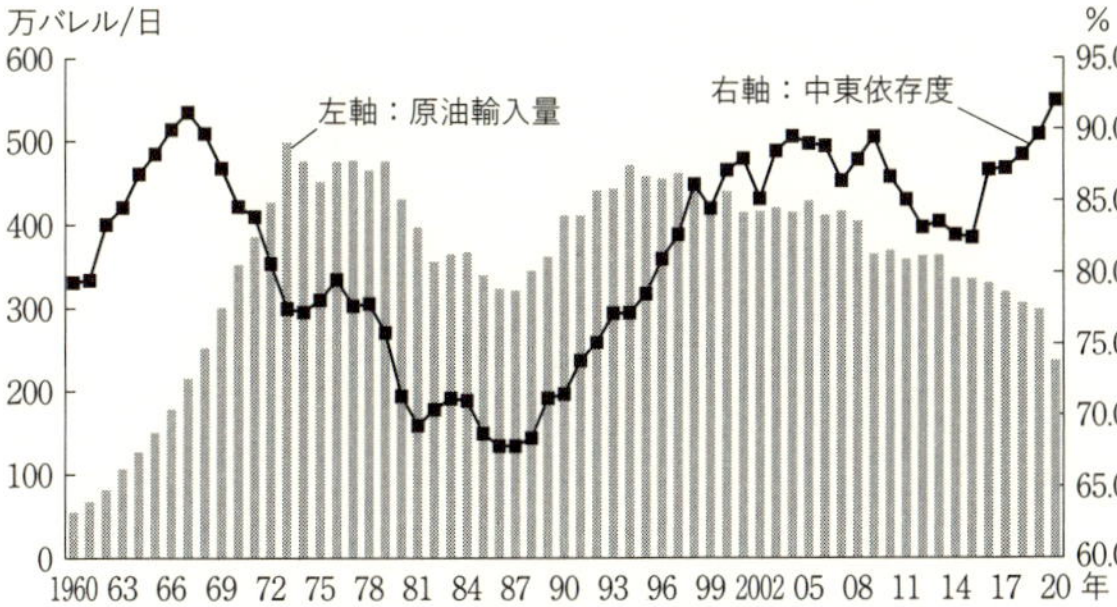

出典：資源エネルギー庁　令和２年度エネルギーに関する年次報告（エネルギー白書 2021）
第２部　エネルギー動向　第１章　国内エネルギー動向　第３節　一次エネルギーの動向をもとに作成

図 10-5　原油輸入量と中東依存度の推移

前者、１９９０年代は後者です。

原油輸入量の減少と中東依存度の低下の両方が起こっている場合、中東地域から輸入する原油量も減少するのでしょうか。同様に、原油輸入量の増加と中東依存度の上昇の両方が起こっている場合、中東地域から輸入する原油量も増加するのでしょうか。

また、原油輸入量が増加する一方中東依存度は低下する１９６０年代後半から１９７０年代前半までや原油輸入量が減少する一方中東依存度は増加する２０１０年代後半以降といった時期もあります。

原油輸入量と中東依存度のいずれか一方が増え、他方が減る場合、中東地域から輸入する原油量について言えることはあるでしょうか。

そこで、中東地域から輸入する原油量について、原油輸入量と中東依存度の関係から考えてみましょう。なお、単に原油輸入量と記述されている場合には、一国が輸入するすべての原油量だとします。

次の選択肢AからFにはいくつかの場合が述べられています。適切な記述をAからFの中から選んでください。正しい記述は1つとは限らず、複数選択しても構いません。

A：原油輸入量が増加すると同時に中東依存度も増加すれば、中東地域から輸入する原油量は必ず増加しています。

B：原油輸入量が減少すると同時に中東依存度も減少すれば、中東地域から輸入する原油量は必ず減少しています。

C：原油輸入量が増加していれば、それと同時に中東依存度が減少しても、中東地域から輸入する原油量は必ず増加しています。

D：原油輸入量が減少していれば、それと同時に中東依存度が増加しても、中東地域から輸入する原油量は必ず減少しています。

E：原油輸入量が増加すると同時に中東依存度が減少すれば、中東地域から輸入する原油量は減少することがあります。

F：原油輸入量が減少すると同時に中東依存度が増加すれば、中東地域から輸入する原油量は増加することがあります。

各選択肢の文章の前半は条件で、後半は結果です。条件は原油輸入量と中東依存度の変化であり、結果では中東地域から輸入する原油量に焦点を当てています。

中東地域から輸入する原油量は(原油輸入量×中東依存度)により計算されます。便宜上、この計算式をMと呼びましょう。Mは中東(Middle East)の頭文字です。

それを踏まえて、それぞれの選択肢の正誤を見ていきます。

A：計算式Mより、原油輸入量(右辺第一項)が増加すると同時に中東依存度(右辺第二項)が増加すれば、中東地域から輸入する原油量(左辺)は必ず増加します。例えば、原油輸入量＝100、中東依存度＝70％から原油輸入量＝150、中東依存度＝80％に変わると、中東地域からの原油輸入量は70から120に増加します。

B：計算式Mより、原油輸入量(右辺第一項)が減少すると同時に中東依存度(右辺第二項)が減少すれば、中東地域から輸入する原油量(左辺)は必ず減少します。例えば、原油輸入量＝１００、中東依存度＝70％から原油輸入量＝50、中東依存度＝60％に変わると、中東地域からの原油輸入量は70から30に減少します。

Ｃ：必ず増加するとは限りません。例えば、原油輸入量＝１００、中東依存度＝70％から原油輸入量＝１１０、中東依存度＝60％に変わると、中東地域からの原油輸入量は70から66に減少します。

Ｄ：必ず減少するとは限りません。例えば、原油輸入量＝１００、中東依存度＝70％から原油輸入量＝90、中東依存度＝80％に変わると、中東地域からの原油輸入量は70から72に増加します。

Ｅ：Ｃの数値例で見たように、中東地域から輸入する原油量は減少することがあります。

Ｆ：Ｄの数値例で見たように、中東地域から輸入する原油量は増加することがあります。

これより正しい記述はＡ、Ｂ、Ｅ、Ｆとなります。ＣとＥまたはＤとＦは互いに矛盾するので、同時に成立することはありません。

この例題を解くにあたっては、どのように文章が書かれているかに注意を払ってください。経済予測や売上予測などの報告書を読む（もしくは書く）場合に役立つスキルです。

まず、「必ず」という副詞。１００％断言出来ないならば使用しません。この言葉がある場合、反例を見つければその記述は誤りになります。CとDの記述が必ずしも成立しないことは反例によって説明しています。

次に、「〜することがある」という記述。可能性があることを示すのに便利な言い回しです。この場合は成立する例を示せばよいです。EとFの記述では成立する数値例が示されています。

「必ず」という場合について少し補足します。「〜することがある」という場合と違い、数値例を示しただけではAとBの記述が正しい証拠として十分でありません。「必ず」を証明するには数値例を100個並べてもダメなのです。101個目に反例が見つかるかもしれないからです。

そこで、Aの場合には、計算式Mの右辺第一項(原油輸入量)と第二項(中東依存度)が同時に増加したら、左辺の中東地域から輸入する原油量は増加する、と言葉で論理を説明しています。

同様に、Bの場合には、計算式Mの右辺第一項(原油輸入量)と第二項(中東依存度)が同時に減少したら、左辺の中東地域から輸入する原油量は減少すると説明しています。

こうした説明は数式によってきちんと示せます。数式に興味のない方は読み飛ばしていただいて構わないです。

A：原油輸入量が増加すると同時に中東依存度も増加すれば、中東地域から輸入する原油量は必ず増加することを、原油輸入量の増加率をx、当初の中東依存度をy、中東依存度の増加率をzとして、示します。但し、0<x、0<y<1、0<zとします。

まず、変化前の原油輸入量を1としましょう。他章ではパーセントのように基準となる数を100とする考え方を学びましたが基本的には同じです。例えば、原油輸入量が100万バレルなら、100万バレルを1に変換して取り扱います。

次に、原油輸入量が100x%増加した場合、変化後の原油輸入量は(1+x)と書けます。例えば、8%増加したのであれば、x=0.08となり、原油輸入量の変化(1+0.08)を元の原油輸入量である1にかければ、変化後の原油輸入量は(1+0.08)×1となります。

また、変化前の原油輸入量が1で、中東依存度がyだとすると、変化前の中東からの原油輸入量はyとなります。例えば、中東依存度が0.7(=70%)であれば、変化前の中東からの原油輸入量は0.7×1=0.7となります。

もし中東依存度が100z%増加したなら、変化後の中東依存度は(1+z)×yと書けます。例えば、3%増加したのであれば、z=0.03となり、中東依存度の変化(1+0.03)を元の中東依存度であるyにかければ、変化後の中東依存度は(1＋0.03)×yとなります。

そして、変化後の中東依存度(1＋z)×yを変化後の原油輸入量(1＋x)にかければ、変化後の中東からの原油輸入量が(1＋z)×y×(1＋x)と計算出来ます。

最後に、yと(1＋z)×y×(1＋x)のいずれが大きいかですが、$y<0$より、両方をyで割ると、1と(1＋z)(1＋x)を比べることと同じになります。同じと言えるのは、$y<0$より、不等号の向きが変わらないからです。

表10-1　A：変化前と変化後

	変化前	変化後
原油輸入量	1	1＋x
中東からの原油輸入量	y	(1＋z)y(1＋x)

後者の式を展開すると、1＋z＋x＋zxとなりますが、z、x、zxのすべてが0より大きいので、1＋z＋x＋zxは1よりも大きくなります。

したがって、$y<(1+z)\times y\times(1+x)$となり、変化後の中東からの原油輸入量は必ず増加します。

B：原油輸入量が減少すると同時に中東依存度も減少すれば、中東地域から輸入する原油量は必ず減少することを、原油輸入量の減少率をx、当初の中東依存度をy、中東依存度の減少率をzとして示します。但し、$0<x<1$、$0<y<1$、$0<z<1$とします。

まず、変化前の原油輸入量を1とします。ここで、原油輸入量が

表10-2　B：変化前と変化後

	変化前	変化後
原油輸入量	1	1−x
中東からの原油輸入量	y	(1−z)y(1−x)

100x%減少した場合、変化後の原油輸入量は(1−x)と書けます。例えば、7%減少したのであれば、x=0.07となり、原油輸入量の変化(1−0.07)を元の原油輸入量である1にかければ、変化後の原油輸入量は(1−0.07)×1=0.93となります。

次に、変化前の原油輸入量が1で、中東依存度がyだとすると、変化前の中東からの原油輸入量はyとなります。

もし中東依存度が100z%減少したなら、変化後の中東依存度は(1−z)×yと書けます。例えば、2%低下したのであれば、z=0.02となり、中東依存度の変化(1−0.02)を元の中東依存度であるyにかければ、変化後の中東依存度は(1−0.02)×yとなります。

変化後の中東依存度(1−z)×yを変化後の原油輸入量(1−x)にかければ、変化後の中東からの原油輸入量が(1−z)×y×(1−x)と計算出来ます。

最後に、yと(1−z)×y×(1−x)のいずれが大きいかですが、y<0より、両辺をyで割ると、1と(1−z)(1−x)を比べることと同じです。ここで、zとxは0と1の間の数字なので、(1−z)と(1−x)は2つとも0と1の間の数字になります。例えば、z=0.2、x=0.3なら、

$(1-z)=0.8$、$(1-x)=0.7$といった具合です。このため、$(1-z)(1-x)$は1よりも小さくなります。したがって、$y>(1-z)\times y\times(1-x)$となり、変化後の中東からの原油輸入量は必ず減少します。

CやDの場合も同様です。説明は省きますが、変化後の中東からの原油輸入量は$(1-z)\times y\times(1+x)$もしくは$(1+z)\times y\times(1-x)$となります。いずれの場合も、zとxの大きさ次第で、yよりも大きかったり小さかったりします。AやBのように、必ず〜になるとは言えません。

この例題で試しているのは、文章で与えられた情報を数式に書き換えて、考えを整理するスキルです。これは文章から数式への翻訳作業のようなものです。少し難しいと感じられたでしょうか。ただ、不等号を使った数式の計算は問題ないはずです。

データ分析ではこうした考え方をよく使います。経済学などでは社会事象から問題のエッセンスを抽出し、それを数式にして解くことがあります。

社会で求められるスキルは刻々と変化しています。専門家だけに求められていたスキルが一般的になることも普通です。図表の使い方だけでなく、簡単な数式を使った論理的思考にも慣れておくとよいでしょう。

11章 プログラミング教育

2020年から**プログラミング教育**が小学校で必修化されました。同様な措置は、2021年から中学校の技術・家庭科で、2022年から高等学校の情報科で必履修科目「情報I」と選択科目「情報II」として実施されています。

プログラミング教育を充実させた背景には、実生活において必須のツールとなったパソコンを使えるようになるだけでなく、**論理的な思考**が出来るようになることが期待されています。

要は、物事を体系的にとらえて、順序立てて考える方法を訓練するのが目的です。

こうした考え方は**プログラミング的思考**と呼ばれることもあります。プログラミングの際に使われる思考方法に似ているからですが、今回の教育改革でプログラマーを育成しようというわけではありません。

文部科学省によると、新しくなった学習指導要領のポイントとして、小・中・高等学校のすべてにおいて、「情報活用能力を学習の基盤となる資質・能力と位置付け」ています。

情報活用能力とは、コンピュータ等を使って必要な情報を集めたり、その情報を分析したりして判断する力のことです。

いまや手元のスマホを使えば、大量の情報を瞬時に入手出来ます。こうした情報社会で生き抜くには、情報をうまく活用するスキルが重要になります。

情報を持っているだけでは意味がありませんが、それを有効に使用出来れば、いろいろな意味で豊かな生活を送れます。情報を生かすも殺すも本人のスキル次第なわけです。

これまでの章で、資料から必要な情報を抽出したりその情報を分析したりして判断するスキルについていくつもの例題を見てきました。

本章では物事を順序立てて考える方法に焦点を当てて、プログラミング的思考もしくは論理的思考のエッセンスを見ていきます。

プログラミング的思考などと言うとたいそうな感じがしますが、情報を整理・分類して、それを使いこなすスキルという意味では、ほかの章で学んだこととその本質は変わりません。

◉プログラミング的思考

プログラミング的思考とはどのようなものかイメージを摑むために次の例題を考えてみましょう。費用を抑えたい輸出業者がいかに効率よくコンテナに製品を詰め込んでいるかに関する話です。

ある港では、大きさが違う3種類のコンテナA、B、Cに製品を入れて輸出しています。コンテナAには12個、Bには20個、Cには48個の製品が入ります。

ある日輸出したコンテナ数を調べてみると、AとCの合計はBよりも多く、BはAとCのいずれよりも多く、AとCは同数でした。

輸出した製品数が480である場合、この日に輸出されたコンテナ数として最も適切なものを選択肢①から⑤の中から1つ選んでみましょう。

① 17　② 18　③ 19　④ 20　⑤ 21

但し、どのコンテナにも空きはなかったものとします。つまり、コンテナAには必ず12個の製品が、コンテナBには必ず20個の製品が、コンテナCには必ず48個の製品が入っています。

この例題を解くには、文章で与えられた情報を整理しながら、その1つ1つの条件を数式に変換して考えていくと分かりやすいです。数式と言っても、加減乗除や不等式といった小学校の算数です。

まず、「AとCは同数だった」より、AとCのコンテナ数をx、Bのコンテナ数をyとします。

次に、「輸出した製品数が480」と「コンテナAには12個、Bには20個、Cには48個の製品が入る」より、12x+20y+48x=480、つまり3x+y=24と書けます。

ここで、「どのコンテナにも空きはなかった」ことから、コンテナ数は1・5のように小数点を取ることはなく、1、2、3のような自然数だと判断します。

ここからはコンピュータの演算でよくある試行錯誤を行います。

例えば、x=9だとすると、yがどのような値でも24を超えてしまいます。このため、x=8から降順(つまり、x=7、x=6のようにカウントダウン)でxの値を減らしていきます。

その際、それぞれのxに対応するyの値を計算します。例えば、xが8であれば3×8+0=24より、yは0となります。

その結果、$3x+y=24$という条件を満たす自然数の組み合わせは、$(x, y)=(8, 0)$、$(7, 3)$、$(6, 6)$、$(5, 9)$、$(4, 12)$、$(3, 15)$、$(2, 18)$、$(1, 21)$、$(0, 24)$の9つとなります。

最後に、「AとCの合計はBよりも多く、BはAとCのいずれよりも多く」という条件を利用します。

前述の9つの組み合わせのうち、この問題文の条件である$2x>y$および$x<y$の両方を満たすのは、$(5, 9)$の場合のみです。

したがって、コンテナ数は$5\times2+9=19$。問1の正解は③となります。

実はこの例題の解き方は1つではありません。別解として次のように考えても解けます。

まず、Aのコンテナ数をx、Bのコンテナ数をy、Cのコンテナ数をzとします。

どのコンテナにも空きはないことから、AからCの3つすべてのコンテナを使うと80($=12+20+48$)個の製品を輸出出来ます。

そこで、総輸出数480を80で除して得られる6を各コンテナ数($x=y=z=6$)と仮定して考察を始めます。

ただ、残念ながら、各コンテナ数が6だと「Bのコンテナ数はAとCのいずれよりも多い

(y>x and y>z)」という条件を満たしません。

そこで、AかCのいずれかのコンテナの使用をやめて、その製品をBに移すことにします。

ここで、「AとCのコンテナ数は同じ(x=z)」より、コンテナAとCの使用は両方とも一緒にやめる必要があります。つまり、AとCのコンテナ数は同時に5、4、3……という具合に減っていきます。

とりあえず、AとCのコンテナ数が6からに5に減ると、Aには12個、Cには48個の製品が入るため、60(=12+48)個の製品をBに移すことになります。

Bに入るのは20個なので、Bのコンテナ数は3(=60÷20)個増えて9(=6+3)個になります。この時、コンテナ数はそれぞれ(A, B, C)=(5, 9, 5)です。

次に、AとCのコンテナ数が4の時には、120個の製品をBに移すことになり、Bのコンテナ数は6個増えて12個になります。この時のコンテナ数はそれぞれ(A, B, C)=(4, 12, 4)です。

しかし、これだとAとCのコンテナ数の合計8は、Bのコンテナ数12より小さくなり、「AとCの合計はBよりも多い(x+z>y)」の条件を満たしません。これより、AとCのコンテナ数が4以下になると、必ずx+z>yの条件式を満たさなくなることも分かります。

このため、コンテナ数がそれぞれ(A, B, C)＝(5, 9, 5)で総コンテナ数が19である③が正解となります。

最初の解法と別解では、どの順番で条件をチェックするかが違うにすぎません。

最初の解法では、「AとCは同数」の条件から始めて、「輸出した製品数が480」と「コンテナAには12個、Bには20個、Cには48個の製品が入る」から導かれる3x＋y＝24を軸に、「どのコンテナにも空きはない」の条件からコンテナ数の候補を絞っていきます。

これに対し、別解では、「どのコンテナにも空きはない」ことを満たすようにコンテナ数の初期値を設定して、「Bのコンテナ数はAとCのいずれよりも多い」という条件が満たされるようにコンテナ数を変えていきます。

どのような解き方をしても、複数の条件がきちんと満たされていれば正しい答えにたどり着けます。例題のような問題はいろいろな解き方があることが多いです。

実際のプログラミングも同様です。Python(パイソン)のようなプログラミング言語でコードを書く場合にも、いろいろな書き方が出来ます。コードは違っていても最終的な出力は同じになります。

入試のように1つの正解ばかりに慣れている方には気持ち悪いかもしれませんが、それほど奇妙なことではありません。世の中の大概のことにはいくつかのやり方があります。

例えば、旅行する際に、飛行機を使おうが電車を使おうが、最終的に同じ目的地に着けます。要は方向性だけ間違わなければよいのです。

プログラミング的思考における方向性とは、最終結果に至るまでの条件をきちんと整理して書き出すことです。条件を漏らさずに整理しておけば、答えはおのずと明らかになります。

◉就活で問われる数的処理

もう一つ違ったタイプの例題を見てみましょう。百分率を使って緑地や緑のない砂漠が地区に占める割合を計算するもので、数的処理と呼ばれる分野の例題です。数的処理の問題は就職の選考過程でも使用されているのでご存じの方もいるでしょう。

早速ですが、ここからが例題です。

ある土地はAとBの2つの地区に分かれており、土地は砂漠か緑地だとします。砂漠は、土地全体の30%、A地区の60%を占めています。この時、緑地がB地区に占める割合は何%になるでしょうか。

百分率が出てくるので、Aの土地の面積を100として考えていきます。

このやり方はどこかで見たと気付かれた方は勘がよいです。地球温暖化の章で基準となる年度の数値を100にしたのと同じ考え方です。問題の設定は違っていても、本書で繰り返し使われているアプローチです。

Aの部分の土地を100とすると、「砂漠は……、A地区の60%を占めており」より、砂漠の面積は60になります。

次に、「砂漠は、土地全体の30%」より、この60が土地全体の中で30%ですから、土地全体の面積は200(=60÷0.3)と分かります。

また、土地全体の面積200からAの土地の面積100を引くと、Bの土地の面積も100となります。

ここで、「緑地は土地全体の70%」ですから、200の70%である140が緑地の面積です。

Aの土地100のうち、60が砂漠、40が緑地なので、土地全体で緑地の面積が140ならば、140−40=100より、Bの土地はすべて緑地になります。したがって、正解は100%になります。

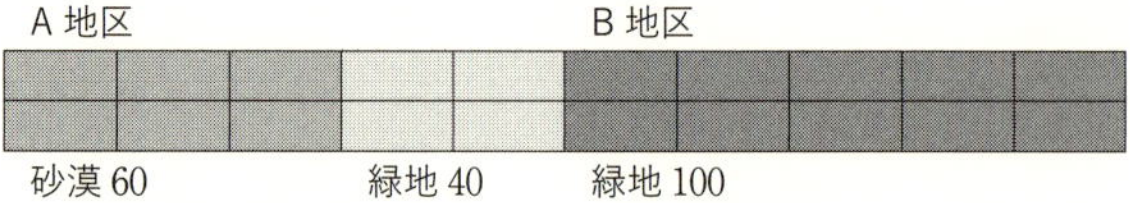

1 ブロックの面積が 10 だとすると，土地全体の面積は 200 です．A 地区では砂漠の面積が 60（＝6 ブロック），緑地の面積が 40（＝4 ブロック），B 地区ではすべてが緑地となっています．

図 11-1　A 地区と B 地区の様子

この時の様子を描いたのが図11-1です。

この例題を見て、本当に就職の選考過程で使われる試験問題なのかと思われた方もいるでしょう。中学校の入試問題のようだと感じてもおかしくありません。確かに、例題を解くのに必要な知識は加減乗除と百分率くらいで、これらは小学校で学習するものです。

しかし、実際に自分で解いてみるとどうでしょう。初見の印象とは違って結構苦労するのではないでしょうか。時間制限があるために1つの問題にあまり時間をかけられず、プレッシャーのかかる中で正答を導かなくてはならないとしたらなおさらです。実際にペンと紙を使いながら2つの例題を解かれた方にはよい頭の体操になったはずです。

ただ、実務ではこうした問題を自分で解かなくてもよいです。プログラミング言語でコードを書けばコンピュータが解いてくれるため、面倒な計算や試行錯誤をペンと紙を使いながら行わなくても済みます。

そもそも実務で扱う問題は単純な例題とは違ってもっと複雑なので、コンピュータに頼る方がミスも減り効率的でもあります。

その際、与えられた情報を条件に変換するという思考方法が必要です。これは Python をはじめとするすべてのプログラム言語の使用に通じる思考です。

ただ、プログラム言語に不慣れだとピンと来ないでしょう。そこで、百聞は一見に如かず。前述のような例題を取り上げました。プログラミングの未経験者であっても、なんとなくイメージがわいたはずです。

本章のような例題は、前章までに見た図表を使った例題とは違うと感じる方もいるかもしれませんが、その本質は変わりません。

本書に共通して言えることは、情報を整理・分類して使いこなすスキルの重要性です。これこそが今後の業務遂行に必要なだけでなく、実りある生活を送るためにも欠かせないスキルなのです。

◉入試への影響

プログラミング教育の必修化が小・中・高等学校で実施されたことはすでに述べました。

必要な情報を集めたり、その情報を分析したりして判断する情報活用能力の重要性が提唱されています。

情報を分析して有効に活用出来る人材の育成には論理的思考の訓練が必要ですが、こうした時代の潮流は入学試験にも大きな影響を及ぼしています。

例えば、大学入試センターは、2025年度(令和7年度)の「大学入学共通テスト」から「情報」という教科を出題することを発表しました。現行(執筆時の2022年)の試験では含まれていない教科です。

今のところ「情報」という教科を選択する受験者数は、現行の試験にある教科やその科目で受験する数と比べると多くないでしょう。

ただ、「情報」という教科を受験しなくても、プログラミング的思考が求められる入学試験の問題は今後とも増えていくはずです。その場合、必ずしも地理・歴史とか数学とかいった科目ではなく、科目の枠を超えた総合問題としての出題が予想されます。

総合問題とは、知識偏重である従来の入試から脱却して、資料などを使って考える力を試す形式です。総合問題を使った入試を課す大学はどんどん増加していると言われます(日本経済新聞「大学入試、増える総合問題　知識問う工夫乏しく」2023年2月15日)。

知識の詰め込みと違って、思考のスキル（もしくは考え方のマナー）とでも言うべき考える力は一朝一夕には身につきません。論理的に考えられる人材を育成するには、大学だけでなく高校までの教育においてもその役割が期待されています。

　こうした期待は、情報を解釈する問題の増加といった形で中学から大学までの入学試験に反映され始めています。電車内にある進学塾の広告に、本章の例題のような問題が有名学校の入試の出題例として取り上げられているのを目にした方も多いでしょう。

　本章の例題は2つとも就職の選考過程で使用される多肢選択式問題を参考にして作成されています。

　こうした問題が大学生の就職選考としてどうかは意見の分かれる所ですが、複数解答ではなく唯一の正解が決まるという意味で客観的評価が可能な筆記試験を重用する日本ならではの文化でしょう。

　もし企業がそうした選考をするのであれば、大学があらかじめそれに対処出来る学生を確保したいと考えてもおかしくありません。就職活動の実績は受験生に対する大きなアピールになります。

　少子化が進み大学全入時代に突入する中、そうした誘因が大学入試に反映される可能性は否定出来ません。これからの入試を考えるうえで、注視すべきことの1つでしょう。

もちろん数的処理の類が入試に使われるとしたら、就職実績の改善という短絡的理由だけではありません。数的処理の問題で使われるスキルが、百分率の応用としての物価指数などのデータ学習だけでなく、論理的に順序だてて考える姿勢そのものがデータ分析につながるからです。

人材育成が期待される大学。その入学試験では将来を見据えた出題が行われています。これからの社会で必要とされるスキルが変われば、大学で学ぶべき内容が変わり、その入り口である入試問題も変わります。

溢れる情報に惑わされずに使いこなすにはどうしたらよいか。そうした時代の要請に基づいて、多くの資料を短時間で解釈する新しい形式の問題がこれからの入試では増えていくでしょう。その解釈に必要なのがプログラミング的思考とか論理的思考とか言われるものです。

これから受験を控えている方は早い段階から周囲の情報を活用して自ら考える訓練をしておくとよいでしょう。また、すでに社会人であり、論理的思考力を念頭に置いた本書の例題に戸惑われた方はリスキリングを検討する時期に来ているかもしれません。

◉生成系ＡＩと情報教育

最後に、話題の**生成系ＡＩ**についても触れておきましょう。

現在、教育界で議論になっている**ChatGPT**。OpenAI社によるチャットボットで、質問するとまるで人間が作成したような回答を返してくれます。

大変便利なツールなのですが、レポートなどの課題に安易に利用されるのではと懸念されています。宿題や試験をすべてChatGPTにやってもらうことが出来るからです。

教育現場が戸惑うのは、その回答がそこそこ優秀なことです。実際にChatGPTを使ったレポートが大学の講義で及第点だったという報告があります。こうした行為に対し、カンニングや剽窃《ひょうせつ》と同様な不正行為として厳正に対処する方針を示す教育機関が出てきました。

資料を使って自ら考察したり、意見を表現したりするスキルを磨くことが教育に期待されるのであれば、もっともな対応かもしれません。処罰によって、まじめに取り組んだ学生との公平性も保たれます。

ただ、こうした新しいツールを何でも禁止してしまうのはどうかと思います。新しいものが世の中に受け入れられる時には、その過程でいろいろと解決すべき問題が出てきます。

特に、ChatGPTなどの生成系ＡＩは今後の生活で普通に使うようになると思われるだけに、初期段階でのトラブルには柔軟に対応したいところです。

全面的に利用を禁止するのではなく、むしろうまく活用する方法を教えてはどうでしょうか。現段階のChatGPTには誤った回答も多いです。

そこで、どこが間違っているかやどうして誤答したのか、さらにはどのように修正すればよいかといった具合に、ChatGPTの回答を教材にして、判別する力や考える力を育むわけです。

実際にそうした授業を行っている学校もあるようですが、将来的にはこうした視点から入試問題が作られてもよいと思います。学校が準備したコンピュータを使って、入試問題である生成系ＡＩの回答の真偽を調べて誤答した部分の理由を考えたり、修正したりするわけです。

そういった訓練は、生成系ＡＩを使って今後の業務を効率化する際に役立ちます。書類の文章や図表を作成してもらった後に、その内容をチェックするスキルがいるからです。

このように考えると、身近な生活の中でデータ分析のスキルが求められる場面やその使い方は無限に広がっていきます。生成系ＡＩが作成した書類のチェックなどはその一例にすぎないのです。

あとがき

ネットに接続すれば資料や情報が簡単に入手出来るようになった現代。便利になった一方で、誤った内容に踊らされる場合も出てきました。フェイクニュースはその典型です。また、わざとではなくても、自分の都合のいいようにミスリードさせるものもあります。

資料や情報を含んだ幅広いデータをきちんと分析するスキルを身に付けることで誤った内容に騙されたり、誤解したりしないようにすること。これが本書のテーマであり、出発点です。

そうしたスキルを日常に活かして実りある生活を送るだけでなく、日本が直面する課題を考えるためにも使って、よりよい社会につなげていくことを目指して執筆しました。

たいそうな趣旨ですが、データリテラシーの基礎的なスキルとして本書で採り上げた内容はコロンブスの卵みたいなものです。義務教育を受けた方なら誰でも知っています。ただ、その知識を応用して使えない人が結構多いのが現実です。

本書を読んだ方なら既にお分かりだと思いますが、データの分析で気を付けるべきポイントはそれほど多くありません。

図のデータで着目すべきなのは、①トレンドが右上がり(正の相関)もしくは右下がり(負の相関)であるか、②前年度から急に数値が変化(増加や減少)しているか、③円グラフであれば一番大きな割合の項目は何かなどです。また、④変化であれば折れ線グラフ、量であれば棒グラフ、割合であれば円グラフのように目的に応じて適切なグラフを選択することも大事です。

表のデータでは、①数値を図に変換したり、②基準となる数値を100に変換して考えたりすることに慣れておくとよいでしょう。場合によっては、1や1000に変換すると考えやすいことがあります。いずれもデータ分析では基本的なアプローチです。

文章であれば、「必ず〜である」といったニュアンスの内容は、それが成立していない反例を1つ見つければ誤りだと分かります。適当な数値を使ってシミュレートすると反例を見つけられます。

それ以外では、基準の重要性です。○○が△△に占める割合といった場合、△△を基準としていることに注意が必要です。○○が△△に占める割合と○○が□□に占める割合のように、基準が違う割合では意味のある比較が出来ません。

また、1つの指標や図表だけでなく、ほかのデータを参照しなければ結論出来ない場合があります。相対的貧困率が高い国の方が経済的に貧しいとは限らないし、2変数の相関関係を示した図からだけでは因果関係は導けません。論理的に考えるには複数の資料や情報が必要です。

大量の資料や情報を使って課題を考える時には、何が知りたいのかという論点を明確にすることから始めて、資料や情報から必要な内容だけを抽出して、順序だてて物事を論理的に考えていきましょう。

その際、前述のような分析のスキルをうまく組み合わせて使うと問題解決の糸口が見えてきます。私たちが直面する課題はどれも違って見えますが、その取り組みに必要なスキルは本質的には同じです。

データ分析のスキルに不慣れな方は、本書を読み返すだけではなく、再度例題を解きながら読んでみましょう。スキルの習得に効果的な方法は実際に自分の頭を使うことです。最初はしっくりこなくても、反復して訓練することで自然とデータを分析するスキルが身に付くはずです。

本書に収録した例題はそうした訓練には最適でしょう。これまでにも著者の本は20校近い大学の入学試験や官公庁の採用試験の問題として利用されています。論理的思考を重視する執筆スタイルが評価された結果だと感じています。

本書の主眼はデータ分析のスキルなので、資料や情報が古くなってもその本質が損なわれることはありません。時事データを暗記するよりも、図表等をきちんと解釈するスキルを養うことの方が重要です。

例えば、過去から現在までのデータでは、その推移から大まかな流れを読み取るようにしましょう。最新のデータに固執しなくても、傾向があまり変わらないトピックスが多いことにも驚かれたかもしれません。社会の課題は一朝一夕には進展しません。

本書では、日本が抱えるいろいろな課題を通じて、データ分析の基礎的なスキルについて見てきました。こうしたちょっとしたスキルを身に付けるだけで世の中の見方が変わります。

そして、そのスキルを実社会での業務や生活に活かせば、今よりももっと実りある成果をもたらせるに違いありません。それは個人的な業務を効率的に遂行することかもしれませんし、もっと大きな範囲でよりよい社会に変えることかもしれません。

大学教授として入学試験の問題を作成してきた著者が、新しい時代への資格試験のようなものとして執筆した本書。適応に戸惑っているすべての方の役に立てば幸いです。

苦しい上り坂の後にたどり着く山頂には、素晴らしい景色があるものです。本書をフルに活用した皆様の眼前には見たこともない景色が開けているはずです。読後にそうした感想をいただける本になっていればうれしく思います。

最後に、出版の機会をいただいた編集者の山本慎一氏に感謝します。ちょっと打ち合わせしただけで次世代を担う人たちへの思いみたいなものを感じました。データ分析のスキルだけでなく、そうした思いも届けられる本になっていれば幸いです。

2024年10月1日

友原章典

友原章典
東京都生まれ．青山学院大学国際政治経済学部教授．ジョンズ・ホプキンス大学大学院 Ph.D.(経済学)．世界銀行及び米州開発銀行コンサルタント，カリフォルニア大学ロサンゼルス校(UCLA)経営大学院エコノミスト，ピッツバーグ大学大学院客員助教授，ニューヨーク市立大学助教授などを経て，2011 年より現職．主な著書に，『実践　幸福学』(NHK 出版新書)，『移民の経済学』(中公新書)などがある．

データリテラシー入門
—日本の課題を読み解くスキル　　岩波ジュニア新書 991

2024 年 10 月 18 日　第 1 刷発行

著　者　友原章典《ともはらあきのり》

発行者　坂本政謙

発行所　株式会社 岩波書店
〒101-8002 東京都千代田区一ツ橋 2-5-5
案内 03-5210-4000　営業部 03-5210-4111
ジュニア新書編集部 03-5210-4065
https://www.iwanami.co.jp/

印刷・三陽社　カバー・精興社　製本・中永製本

ISBN 978-4-00-500991-6　　Printed in Japan

岩波ジュニア新書の発足に際して

きみたち若い世代は人生の出発点に立っています。きみたちの未来は大きな可能性に満ち、陽春の日のようにひかり輝いています。勉学に体力づくりに、明るくはつらつとした日々を送っていることでしょう。

しかしながら、現代の社会は、また、さまざまな矛盾をはらんでいます。営々として築かれた人類の歴史のなかで、幾千億の先達《せんだつ》たちの英知と努力によって、未知が究明され、人類の進歩がもたらされ、大きく文化として蓄積されてきました。にもかかわらず現代は、核戦争による人類絶滅の危機、貧富の差をはじめとするさまざまな人間的不平等、社会と科学の発展が一方においてもたらした環境の破壊、エネルギーや食糧問題の不安等々、来るべき二十一世紀を前にして、解決を迫られているたくさんの大きな課題がひしめいています。現実の世界はきわめて厳しく、人類の平和と発展のためには、きみたちの新しい英知と真摯《しんし》な努力が切実に必要とされています。

きみたちの前途には、こうした人類の明日の運命が託されています。ですから、たとえば現在の学校で生じているささいな「学力」の差、あるいは家庭環境などによる条件の違いにとらわれて、自分の将来を見限ったりはしないでほしいと思います。個々人の能力とか才能は、いつどこで開花するか計り知れないものがありますし、努力と鍛練の積み重ねの上にこそ切り開かれるものですから、簡単に可能性を放棄したり、容易に「現実」と妥協したりすることのないようにと願っています。

わたしたちは、これから人生を歩むきみたちが、生きることのほんとうの意味を問い、大きく明日をひらくことを心から期待して、ここに新たに岩波ジュニア新書を創刊します。現実に立ち向かうために必要とする知性、豊かな感性と想像力を、きみたちが自らのなかに育てるのに役立ててもらえるよう、すぐれた執筆者による適切な話題を、豊富な写真や挿絵とともに書き下ろしで提供します。若い世代の良き話し相手として、このシリーズを注目してください。わたしたちもまた、きみたちの明日に刮目《かつもく》しています。(一九七九年六月)

943 **数理の窓から世界を読みとく**
—素数・AI・生物・宇宙をつなぐ
初田哲男
柴藤亮介 編著
数学を使いさまざまな事象を理論的に解明する方法、数理。若手研究者たちが数理を共通言語に、瑞々しい感性で研究を語る。

944 **自分を変えたい**
—殻を破るためのヒント
宮武久佳
いつも同じメンバーと同じ話題。親に勧められた大学に進学し、楽勝科目で単位を稼ぐ。ずっとこのままでいいのかなあ？

945 **ヨーロッパ史入門**
原形から近代への胎動
池上俊一
古代ギリシャ・ローマから、文化的統合体としてのヨーロッパの成立、ルネサンスや宗教改革を経て、一七世紀末までを俯瞰。

946 **ヨーロッパ史入門**
市民革命から現代へ
池上俊一
近代国家の成立や新しい思想の誕生、二度の大戦、アメリカや中国の台頭。「古い大陸」ヨーロッパがたどった近現代を考察。

947 **〈読む〉という冒険**
イギリス児童文学の森へ
佐藤和哉
アリス、プーさん、ナルニア……名作たちは、本当は何を語っている？「冒険」する読みかた、体験してみませんか。

948 **私たちのサステイナビリティ**
—まもり、つくり、次世代につなげる
工藤尚悟
「サステイナビリティ」とは何かを、気鋭の研究者が、若い世代に向けて、具体例を交えわかりやすく解説する。

955 世界の神話 躍動する女神たち
沖田瑞穂
強い、怖い、ただでは起きない、変わってる!? 世界の神話や昔話から、おしとやかなイメージをくつがえす女神たちを紹介!

956 16テーマで知る 鎌倉武士の生活
西田友広
鎌倉武士はどのような人々だったのでしょうか? 食生活や服装、住居、武芸、恋愛など様々な視点からその姿を描きます。

957 〝正しい〟を疑え!
真山 仁
不安と不信が蔓延する社会において、自分を信じて自分らしく生きるためには何が必要なのか? 人気作家による特別書下ろし。

958 津田梅子—女子教育を拓く
髙橋裕子
日本の女子教育の道を拓き、シスターフッドを体現した津田梅子の足跡を、最新の研究成果・豊富な資料をもとに解説する。

959 学び合い、発信する技術—アカデミックスキルの基礎
林 直亨
アカデミックスキルはすべての知的活動の基盤。対話、プレゼン、ライティング、リーディングの基礎をやさしく解説します。

960 読解力をきたえる英語名文30
行方昭夫
英語力の基本は「読む力」。先生と生徒の対話形式で、新聞コラムや小説など、とっておきの例文30題の読解と和訳に挑戦!

961 森鷗外、自分を探す　出口智之

文豪で偉い軍医の天才? 激動の時代の感覚に立って作品や資料を読み解けば、自分探しに悩む鷗外の姿が見えてくる。

962 巨大おけを絶やすな! ―日本の食文化を未来へつなぐ　竹内早希子

しょうゆ、みそ、酒を仕込む、巨大な木おけ。途絶えかけた大おけづくりをつなぎ、その輪を全国に広げた奇跡の奮闘記!

963 10代が考えるウクライナ戦争　岩波ジュニア新書編集部編

この戦争を若い世代はどう受け止めているのでしょうか。高校生達の率直な声を聞き、平和について共に考える一冊です。

964 ネット情報におぼれない学び方　梅澤貴典

新しい時代の学びに即した情報の探し方や使い方、更にはアウトプットの方法を図書館司書の立場からアドバイスします。

965 10代の悩みに効くマンガ、あります!　トミヤマユキコ

悩み多き10代を多種多様なマンガを通してお助けします。萎縮したこころとからだがふわっと軽くなること間違いなしの一冊。

966 新種発見物語 ―足元から深海まで11人の研究者が行く!　島野智之 脇司 編著

虫、魚、貝、鳥、植物、菌など未知の生物の探究にワクワクしながら、分類学の基礎も楽しく身につく、濃厚な入門書。

967
核のごみをどうするか
―もう一つの原発問題
今田高俊
寿楽浩太
中澤高師

原子力発電によって生じる「高レベル放射性廃棄物」をどのように処分すればよいのか。問題解決への道を探る。

968
扉をひらく哲学
―人生の鍵は古典のなかにある
中島隆博・梶原三恵子
納富信留・吉水千鶴子　編著

親との関係、勉強する意味、本当の自分とは？……人生の疑問に、古今東西の書物をひもといて、11人の古典研究者が答えます。

969
在来植物の多様性がカギになる
―日本らしい自然を守りたい
根本正之

日本らしい自然を守るにはどうしたらいい？　在来植物を保全する方法は？　自身の保全活動をふまえ、今後を展望する。

970
知りたい気持ちに火をつけろ！
―探究学習は学校図書館におまかせ
木下通子

レポートの資料を探す、データベースで情報検索する……、授業と連携する学校図書館の活用法を紹介します。

971
世界が広がる英文読解
田中健一

英文法は、新しい世界への入り口です。楽しく読む基礎とコツ、教えます。英語力不問、この1冊からはじめよう！

972
都市のくらしと野生動物の未来
高槻成紀

野生動物の本当の姿や生き物同士のつながりを知る機会が減った今。正しく知ることの大切さを、ベテラン生態学者が語ります。

973
ボクの故郷は戦場になった
——樺太の戦争、そしてウクライナへ
重延 浩

1945年8月、ソ連軍が侵攻を開始し、のどかで美しい島は戦場と化した。少年が見た戦争とはどのようなものだったのか。

974
源氏物語入門
高木和子

日本の古典の代表か、色好みの男の恋愛遍歴か。『源氏物語』って、一体何が面白いの？ 千年生きる物語の魅力へようこそ。

975
「よく見る人」と「よく聴く人」
——共生のためのコミュニケーション手法
広瀬浩二郎
相良啓子

目が見えない研究者と耳が聞こえない研究者が、互いの違いを越えてわかり合うためコミュニケーションの可能性を考える。

976
平安のステキな！女性作家たち
川村裕子
早川圭子絵

紫式部、清少納言、和泉式部、道綱母、孝標女。作品の執筆背景や作家同士の関係も解説。ハートを感じる！王朝文学入門書。

977
国連で働く
——世界を支える仕事
植木安弘編著

平和構築や開発支援の活動に長く携わってきた10名が、自らの経験をたどりながら国連の仕事について語ります。

978
農はいのちをつなぐ
宇根 豊

生きものの「いのち」と私たちの「いのち」はつながっている。それを支える「農」とは何かを、いのちが集う田んぼで考える。

979
10代のうちに考えておきたいジェンダーの話
堀内かおる

10代が直面するジェンダーの問題を、未来に向けて具体例から考察。自分ゴトとして考えた先に、多様性を認め合う社会がある。

980
食べものから学ぶ現代社会
―私たちを動かす資本主義のカラクリ
平賀　緑

食べものから、現代社会のグローバル化、巨大企業、金融化、技術革新を読み解く。『食べものから学ぶ世界史』第2弾。

981
原発事故、ひとりひとりの記憶
―3・11から今に続くこと
吉田千亜

3・11以来、福島と東京を往復し、人々の声に耳を傾け、寄り添ってきた著者が、今に続く日々を生きる18人の道のりを伝える。

982
縄文時代を解き明かす
―考古学の新たな挑戦
阿部芳郎 編著

人類学、動物学、植物学など異なる分野と力を合わせ、考古学は進化している。第一線の研究者たちが縄文時代の扉を開く！

983
翻訳に挑戦！　名作の英語にふれる
河島弘美

he や she を全部は訳さない？　この人物は「僕」か「おれ」か？　8つの名作文学で翻訳の最初の一歩を体験してみよう！

984
SDGsから考える世界の食料問題
小沼廣幸

アジアなどで長年、食料問題と向き合い、今も邁進する著者が、飢餓人口ゼロに向け、SDGsの視点から課題と解決策を提言。

985 迷いのない人生なんて
―名もなき人の歩んだ道
共同通信社編
共同通信の連載「迷い道」を書籍化。家族との葛藤、仕事の失敗、病気の苦悩…。市井の人々の様々な回り道の人生を描く。

986 ムクウェゲ医師、平和への闘い
―「女性にとって世界最悪の場所」と私たち
立山芽以子
華井和代
八木亜紀子
アフリカ・コンゴの悲劇が私たちのスマホに繋がっている？ ノーベル平和賞受賞医師の闘いと紛争鉱物問題を知り、考えよう。

987 フレーフレー！就活高校生
―高卒で働くことを考える
中島 隆
就職を希望する高校生たちが自分にあった職場を選んで働けるよう、いまの時代に高卒で働くことを様々な観点から考える。

988 野生生物は「やさしさ」だけで守れるか？
―命と向きあう現場から
朝日新聞
取材チーム
多様な生物がいる豊かな自然環境を保つために、時にはつらい選択をすることも。悩みながら命と向きあう現場を取材する。

989 〈弱いロボット〉から考える
―人・社会・生きること
岡田美智男
弱さを補いあい、相手の強さを引き出す〈弱いロボット〉は、なぜ必要とされるのか。生きることや社会の在り方と共に考えます。

990 ゼロからの著作権
―学校・社会・SNSの情報ルール
宮武久佳
情報社会において誰もが知っておくべき著作権。基本的な考え方に加え、学校と社会でのルールの違いを丁寧に解説します。